CB135619

Maçarocas Reais

Maçarocas Reais

André Zuliani

Copyright © 2015 by André Zuliani

EDITORES:
Dany Starling, Gustavo Abreu e Natanael Vieira.

PROJETO GRÁFICO, DIAGRAMAÇÃO E REVISÃO:
Nathan Matos

CAPA:
Jacqueline Arimura

Este livro foi editado respeitando as novas regras ortográficas.
TODOS OS DIREITOS RESERVADOS.

Não é permitida a reprodução desta obra por qualquer meio, físico ou digital, sendo a violação dos referidos direitos crime punível com pena de multa e prisão na forma de artigo 184 do Código Penal. O mesmo se aplica às características gráficas e editoriais.

A Editora Letramento não se responsabiliza pela originalidade do conteúdo desta obra, sendo que ela é de responsabilidade exclusiva do autor, assim como do que dela impingir aos seus leitores.

Dados Internacionais de Catalogação na Publicação (CIP)
Bibliotecária Juliana Farias Motta CRB7- 5880

Z947m Zuliani, André

Maçarocas reais / André Zuliani. Belo Horizonte, MG : Letramento, 2015.

136 p.

ISBN: 978-85-68275-15-3

1.Crônicas brasileiras. I. Título.

CDD B869.8

Editora
LETRAMENTO
www.editoraletramento.com.br

Impresso no Brasil.
Printed in Brazil.

Sumário

Apresentação

Olhar pra fora ou pra dentro? Pra rua ou pras gavetas? Pro dia-a-dia ou pro passado? Estas são algumas das opções do cronista. No Brasil, em especial, todas estas possibilidades se combinam para criar um gênero de imensa riqueza.

De um lado temos aqueles cronistas que se especializam em observar as minúcias do cotidiano, as sutilezas das relações humanas, o que há de curioso, de risível e também de emocionante ao nosso redor. É o que predomina nas crônicas de um Veríssimo ou um Mario Prata, por exemplo.

Por outro lado, temos cronistas que costumam mergulhar naquilo que Jorge de Sá chama de "lirismo reflexivo". São autores mais dedicados a sentir, pensar, filosofar sobre o que se passa em sua própria alma e coração. Taí um Rubem Braga, uma Clarice Lispector, um Paulo Mendes Campos. Claro que os cronistas de um time se aventuram no outro campo, afinal, não se trata de uma competição.

Em seu livro de estreia, André Zuliani – de quem tive a alegria de ser professor, no curso de jornalismo do UniBH – flerta com o segundo tipo, mas privilegia claramente o primeiro: é sobretudo um cronista observador, e dos mais perspicazes, especialmente se considerarmos que mal passou dos 25 anos de idade.

Mesmo quando recorre a um viés memorialista, o que predomina é sua capacidade de olhar para fora, para o mundo, para as pessoas e os comportamentos, sempre com ironia e não raro com bem vindas doses de delicadeza, bom senso e generosidade.

Salta aos olhos, em seu estilo, o gosto, o prazer mesmo, em inventar palavras (verbos como abailarinar, adjetivos como eletrocardiogrâmico, substantivos como slowmotização, e por aí vai).

Impressiona, também, que Zuliani não se avexe nem um pingo em rechear suas crônicas com frases e pensamentos pinçadas de fontes pra lá de "populares". Que cronista que se preza teria a cachimônia de citar Beto Barbosa, a Banda Carrapicho, a banda Pedra Letícia (existe isso mesmo ou ele inventou?!), além de duplas sertanejas de reputação questionável? É preciso confiar muito em seu próprio taco, e autoconfiança é coisa que não falta ao Zuliani.

Ao mesmo tempo, é um cronista com evidente espírito tarantinesco (o diretor de *Pulp Fiction* e *Kill Bill* é seu ídolo máximo) e, não por acaso, as referências à cultura pop misturam-se, "surubamente", a outras tantas, mais sofisticadas: um Guimarães Rosa aqui, um Hitchcock ali, Woody Allen, Nelson Rodrigues e algumas pitadas de mitologia grega.

Mas o grande tema de Zuliani, sua inegável tara, é o sexo feminino. Da mulher baixinha à alta, da modelo à artista, da famosa à anônima, daquela que ele acabou de conhecer à outra que o encantou na infância brejeira no interior de Minas. Algumas das melhores crônicas do livro se dedicam a mapear, diagnosticar, classificar e desclassificar o relacionamento homem/mulher, em todas as suas possíveis fases e contextos. Com isso, Zuliani faz um grande elogio às pessoas que curtem a vida, que se arriscam a conhecer e conquistar as outras, que vivem com tesão cada momento da vida, de segunda a segunda, e não "quem zumbifica a semana para ressuscitá-la na sexta". O que vale na vida, afinal, é como você a aproveita. E na crônica também. Bom proveito!

Leo Cunha

Salto plataforma e mulher baixinha são iguais a criança e tênis de luzinha

Esqueça a falaciosa frase que diz "os melhores perfumes estão nos menores frascos. Assim como os piores venenos". As mulheres baixinhas são muito mais complexas do que essa simplória definição boticariana. Antes de escrever essa crônica, perguntei a algumas conhecidas o quanto mediam. No que ouvi 1,57 m, 1,58 m, 1,62 m. Sendo assim, em meio à pequena margem de centímetros entre elas, achei melhor classificar como mulher baixinha todas que meçam até 1,65 m.

O encanto das pequenas está no gestual, na postura e na expressão corporal. Percebam como é belo o instante no qual a mulher baixinha tenta alcançar um objeto que foge à sua baixeza. Na ponta dos pés, ela se abailarina naturalmente, sem a carrasca sapatilha de ponta e a artificial postura bolshoiniana, e executa, por meio de improviso, movimentos tão graciosos quanto sua altura. A mulher baixinha é coreógrafa de seu balé solo no alto palco da vida.

Sendo alto ou baixo, você pode até ser o homem da vida dela, mas saiba que sempre será o amante. Afinal, ela sempre esteve e estará em um relacionamento sério com o salto plataforma. Salto plataforma e mulher baixinha são iguais a criança e tênis de luzinha. É paixão à primeira vista. O que impressiona é que até o chinelo dela tem ao menos um saltinho plataforma. Ah, como são engraçadas, belas e singelas. Mas não nos esqueçamos do generalismo delas. O poeta Tião Carreiro cantava "onde tem mulher baixinha tem relhia e desaforo". Relhia vem de relhar, que significa "açoitar com o relho", digamos que "o couro comeu". Meu avô costuma dizer, e isso escuto desde quando era pequeno, "tamanho num tem não, mas braveza", quando se referia à valentia de alguém perante outro maior.

Quem já fez e faz parte da vida de uma baixinha sabe do grau de eruptividade dela frente a uma afronta. Quem nunca ouviu a célebre frase "Você é grande, mas não é dois", ou a genial, essa vinda de um filme nacional, *Meu nome não é Johnny*, "Eles são grande, mas nóis é ruim". Essa valentia, intrínseca à baixinha, creio que aflora na meninice, quando ela tem que se defender do acossamento dos colegas em relação à sua altura.

Em uma mesa cheia de amigas conversando, é preciso poucos instantes para algum voyeur identificar qual é a baixinha da turma. E não estou me referindo aos pezinhos varrendo o ar, qual criança em balanço, mas à mencionada personalidade e a ênfase com que expõe suas opiniões. Elas tendem a ser sempre mais enérgicas.

Retomando o universo das músicas sobre baixinhas, descobri esta pérola da dupla sertaneja Thales e Thiago, "Mulher baixinha é muito mais complicada / Sua raiva acumulada não tem onde se espalhar / E é por isso que tem juízo quente / Até quando ama a gente, tem mania de brigar".

Pode ser que eles tenham razão quanto à raiva acumulada não ter pra onde alastrar. O que me fez lembrar outra frase, "Era a gota que faltava para transbordar o copo". Se mulher fosse copo, a baixinha seria o de tequila. E, sendo esse copinho, não é de se estranhar que a paciência dela seja a conta-gotas.

O que não é a conta-gotas são os atributos. Mulher baixinha é como árvore, cujo crescimento limitamos com a poda, tende a encorpar mais. Como diria um amigo, "Meia porção bem servida". Talvez seja por isso que a maioria dos homens prefere elas a cabides esqueléticos de passarela.

Sem contar que a mulher baixinha é total flex. Ideal para o homem baixinho – tenho um amigo que não gosta de mulher grande devido ao seu tamanho – e para nós, altos. Afinal, os sapatos de salto, meios-fios, muretinhas, degraus e outros andaimes improvisados nos proporcionam o linear encontro das pupilas.

Ao perguntar a altura de uma amiga e esclarecer que escreveria esta crônica sobre mulher baixinha, ela praguejou, óbvio, "Cuidado com o que fala de nós. Tenho uma sandália de 16 cm. Vou pra 1,74 e ME SINTO". Ao que respondi, após rir, "E você acha que eu, admirador de sapatos femininos, não sei do poder deles?"

Não falarei dos pezinhos "esculpidos por Michelangelo em dia de grande inspiração". Pois esse primor, para mim e demais podólatras, como Quentin Tarantino, Xico Sá e outros tantos anônimos por aí, acabrunharia as demais mulheres de outras estaturas. Seria uma injustiça escravocrata com as altas.

Uma baixinha do alto do seu peep toe meia pata de 15 cm, vestindo uma saia lápis e uma blusinha, meu amigo, é um mulherão! Assim como outra usando sneakers – óbvio que até tênis de baixinha tem que ter salto, nem que seja embutido à Zezé di Camargo. Por isso, tamanha repercussão dessa bota ortopédica entre a classe "baixa" – calça jeans, blusa e jaqueta também causa suspiros e reações masculinas contidas como um "uhnn", ou o voraz clichê "fiu, fiuu". Como diz o rei Roberto Carlos, "Coisa de mulher gostosa com um jeito de menina".

As mulheres altas

Enquanto as baixinhas espantam os homens pela braveza, as altas se impõem pela estatura. Não é todo homem que tem peito para encarar uma mulher alta. Talvez seja por isso que alguns se acovardam e as apelidam de megazord, travecão, girafona, entre tantos outros.

A imponência da mulher alta causa impotência em alguns homens. Acredito que essa fraqueza é despertada devido ao machismo deles. O homem se sente menos másculo, mesmo inconscientemente, quando se vê fora do comando. A maioria pensa que são os protetores, os super-homens das mulheres indefesas, o alfa. Com as altas, meu amigo, isso não cola. O buraco é mais em cima.

Perto de vocês, alguns homens são só garotos. Garotos inseguros, que não conseguiriam conviver com os olhares alheios flechando o mulheraço que lhe acompanha. Ora, meu caro, é como cantam Davi e Fernando na música Atiça: "Se você se acha o avestruz, então aguenta o ovo!"

Exemplo de que a altura intimida é a frase que as altas já ouviram inúmeras vezes na infância e que algumas têm receio até hoje, "Só tem tamanho". O que me faz recordar da infância em Lavras, quando visitava alguma fazenda com meu pai ou com meu avô e o dono da casa dizia, sobre o cachorro, "Pode chegar, num morde, não. Só tem tamanho". O tamanho é tido por muitos como algo que só representa valentia. Pode até ser em outras coisas, mas não em relação às mulheres. As mulheres altas são como as sequoias, se destacam pela frondosidade.

Os que julgam as altas apenas pela estatura e imponência desconhecem o que há de mais invejável nelas. Mal sabem eles que o amor da mulher alta por um baixinho é tão belo e sincero quanto o amor materno. Digo isso porque sei de mulheres que adoram sapatos de salto alto, verdadeiras saltomaníacas, e que deixam de lado essa tara para estarem mais próximas dos lábios do amado. E o quanto é cinematográfica e melíflua a troca de olhares em plongée/contra-plongée. Sentimos nossa pupila mergulhada pelas meninas dos olhos daquela mulher, suavemente, qual abelha a flertar a flor.

As mulheres altas tendem a serem brincalhonas e extrovertidas, talvez isso seja reflexo da infância, já que elas poderiam ser excluídas pela altura e o estabanamento desenvolveram o senso de humor com intuito de se enturmarem.

A mulher alta tem uma presença de soprano, qual a voz de Susanna Rigacci. A impressão que se tem, de quando elas chegam, é de que até o mero chão se metamorfoseia em um carpete vermelho só para apreciar o menear majestoso, tão envolvente e harmonioso quanto de um cavalo da realeza. E as pernas longilíneas pelas quais percorremos os olhos por mais tempo que o normal?

A mulher alta é a dama de vermelho do prólogo de Sin City. Seu talhe causa a noirização do cenário e dos personagens no entorno dela. Nos tornamos expressionistas, figurantes em preto e branco. Luz e sombra. Enquanto ela meneia em seu vestido vermelho luxurioso, nós, meros noires, presenciamos a slowmotização dos olhares.

Meu tipo de mulher

Sábado de luar a clarear o terreiro que rodeia a casa da fazenda de meu vô. Alguns primos e eu nos encavernávamos em um quarto para ouvir as histórias de assombração contadas por minha vó. A 20 quilômetros da cidade, naquele breu, e com a idade que tínhamos, a distância era desértica. Dona Maria contava sempre as mesmas histórias e nós tínhamos os mesmos medos. As histórias que ela narrava, pausadamente, tinham um anticlímax. Ao passo em que ia contando, repousava a mão sobre o chão frio de azulejo e depois nos tocava com a mão gélida. Os netos se entocavam em algum canto do quarto com medo, qual uma ninhada de gatos. Entretanto, a solução era se esconder embaixo da cama, resguardado, de um cobertor.

Ainda lembro as quatro histórias que minha avó contava.

A de uma negra alta chamada Tereza, que trabalhava em uma fazenda próxima dali. Devido à sua altura, mais de dois metros, ela se vangloriava de conseguir limpar os vidros da sede sem precisar da ajuda de um tamborete. Certa feita, não se sabe o motivo, ela amanheceu morta. Na época, não existia caixão sobre medida, eram padronizados. Ao engavetarem-na no caixão, as canelas ficaram pra fora. Foi quando um dos empregados da fazenda passou a mão no serrote e resolveu o forfé. Desde esse dia, todas as noites naquela casa ouvia-se o murmurar "aaaaaaaai, minha peeeerna".

Em uma cidadezinha próxima a Lavras, um rio era a via de transporte entre a mercearia e a casa de alguns moradores. A travessia era feita por barqueiros. E era de conhecimento daquele lugarejo que diversas canoas foram viradas por uma mão cabeluda emergida do rio afogando várias pessoas.

Em uma fazenda vizinha à de meu avô, todas as noites ouvia-se o chinelar de alguém pelo alpendre, passando pelos corredores da casa, abrindo e fechando portas até alcançar a cozinha. Lá começava o estalar da lenha brasando o fogão, panelas eram colocadas sobre as trempes e tamboretes eram arrastados sobre o piso de cimento queimado. Depois de uma hora, o barulho se calava e o fogo se apagava.

E a última história, a que mais prendia a minha atenção, era a da fazenda Cachoeira. A uns 50 quilômetros dali, no tardar do dia, no emudecer e ajeitar das penas das aves, ao longe uma porteira batia. Em seguida, o som crescente do trotar de um cavalo se aproximava da casa. Ao chegar ao curral, o tilintar de uma corrente reverberava no ranger da porteira se abrindo e fechando. Depois, o remar das patas do cavalo lascava as pedras do curral até se aproximar da sede da fazenda. No baforar relaxado do animal, ele era desareado e o arreio era jogado sobre o banco no alpendre. Ao cessar o barulho dos estribos batendo na madeira, escutava-se o tilintar das esporas, ritmando com o salto da botina sobre o assolho de pinho. Os passos cruzavam a sala, perpassavam os corredores até adentrar em um dos quartos e repousar na mudez rural. (Obrigado, vó Maria, por despertar em mim o interesse de ouvir histórias e a querer ouvir as dos outros e escrever a minha)

* * *

E assim foi cultivado meu gosto por histórias. Com a maturidade, meu interesse aumentou pelas reais, pela vida como ela era e é. Por isso, há alguns anos me enveredei no curso de jornalismo. A primeira entrevista que fiz, utilizando um gravador de fita, ouvi um senhor português que veio para o Brasil de navio. Ainda jovem, ele deixou os familiares em território luso e embarcou para a América do Sul. Quando o barco se aproximou do porto, ele ficou espantado com umas criaturas que, à distância, pareciam ser macacos. Entretanto, eram negros que trabalhavam no estaleiro. Ele nunca tinha visto um negro na vida.

Ao desembarcar no Rio de Janeiro conseguiu um quarto em uma pensão para morar e foi contratado para trabalhar em uma fábrica. Lá, se apaixonou por uma mulher que levava o almoço para os três irmãos. Na pausa que tinha para o almoço, era um olho na marmita e o outro na esquina. Depois de alguns meses, a senhorita também foi contratada para trabalhar na fábrica. No final do expediente, ele a acompanhava até a porta de casa. O que no começo lhe rendeu hematomas e fugas pelas ruas proporcionados pelos irmãos ciumentos e preconceituosos, pelo fato de ser português. Mais apaixonante do que ouvir tal história, foi presenciar os olhos dele sorrirem ao falar da amada que é casada com ele há 50 anos.

Entretanto, meu gosto não se limitou ao profissional, mas refletiu também na vida amorosa. Eu me apaixono na história de vida da pessoa, da família e depois nela própria. Ou, o que costuma acontecer, começo a gostar de alguém e só me apaixono quando descubro seu enredo. Tenho um grande amigo que ao contar que estou apaixonando em alguém, ele pergunta, "Qual que é a história dela?" e prossegue, antes mesmo que eu responda, "Porque a mulher pode ser maravilhosa, mas se não tiver um episódico trágico na família, trauma de infância, pra você não serve".

Não tenho descaramento de negar o inegável. Já ruminei sobre o assunto e acho que consigo explicar. Pessoas malcozidas não me satisfazem. Gosto de pessoas intensas, com personalidade que faísca os olhos, labareda os lábios e eruptiza os corpos. Gosto de fazer das segundas sextas. Faço meu calendário, não o contrário. Acho uma falácia quem zumbifica a semana para ressuscitá-la na sexta. O que vale na vida é ver como você a aproveita. E pessoas que já passaram por episódios fatídicos ou se furtaram demais resolveram substituir do dicionário existencial o aguardar pelo fazer. Deixaram de viver de vontade e resolveram desfrutar a própria vontade.

Minha mochila de rodinhas

Esses dias, vi um menino acompanhado de sua mochila de rodinhas e lembrei que eu fazia miséria com a minha. A dele era da animação *Cars* e trazia estampada o Relâmpago McQueen. A minha era preta, com detalhes em verde escuro, cheia de bolsos e com um Taz costurado em linhas coloridas. Me recordo que, no desespero para retirar aquela linha plástica que prende a etiqueta do produto, cravei os dentes tal qual o personagem e emburaquei um bolso antes mesmo de abrir um zíper.

Após a aula, eu a arrastava por ruas e passeios costurando pessoas em autos-desafios que elaborava naquele momento. "Vou ultrapassar aquelas duas senhoras ali antes de chegarem naquela lanchonete", estabelecia. Quando eu tinha êxito, repercutia em uma comichão interna e sorrisos que sacolejavam os ombros. Quando fracassava, emburrava e, imediatamente, redefinia outro desafio, como um GPS.

Meus pais sempre recomendavam, "Quando terminar a aula, vem direto pra casa. Não fale com nenhum estranho". Certa vez, eu estava em frente a uma loja de revelação de fotos quando um homem desconhecido falou, "Ô, menino...", a partir disso, não ouvi mais nada e iniciei uma carreira atropelando pés alheios com minha mochila. Na falta de retrovisor, vez ou outra eu olhava pra trás para ver se estava sendo seguido. Só parei depois de correr dois quarteirões.

Criança tem o dom de interpretar personagens em suas brincadeiras, eu, conduzindo minha mochila de rodinhas, achava que era o Carlos Cunha (um piloto que havia se apresentado e dirigido um carro sobre duas rodas, certa data da minha meninice, na praça Augusto Silva em Lavras). O melhor momento da minha pista, também conhecida como calçada, era quando havia um desnível alto do passeio de uma casa para a outra. Vendo o obstáculo – que eu considerava rampa para minha mochila de rodinhas – eu pegava embalo, pulava e puxava a mochila para voar junto comigo. Quando ela caía sobre uma roda e saía andando era uma epifania infantil.

Entretanto, a aterrisagem nem sempre era bem sucedida. Na maioria das vezes, a mochila quicava e pousava de bruços, esfolando as cores e contorcendo zíperes. Mesmo com os capotamentos, eles não me impediam de continuar minha corrida até em casa. Depois das acrobacias, o que eu mais gostava era dos diferentes sons que os diversos acabamentos e materiais que constituíam cada passeio proporcionavam. A maioria era cimento liso com suaves riscos, mas alguns eram quadriculados, como vários tabletes de chocolate no chão, porém de cimento. A trepidação das rodas da minha mochila reverberava no som "treeee treeee treeee" e tremia meu braço direito que a conduzia. Quanto maior a velocidade, menos "treeeee treee", porém mais alto se ouviam.

Na esquina da rua que eu morava, tinha um desses passeios rugosos. E era exatamente por causa deles que minha irmã – que desde nova sabia, apenas pelo barulho do escapamento qual fusca estava chegando, se o do meu pai ou de algum tio – preouvia a minha chegada.

O primeiro beijo

Existe uma época na vida em que mal abandonamos as mochilas de rodinhas e já queremos dar o primeiro beijo. Em 1999, precisamente na 4ª série, nos recreios da infância, já não corríamos pelos pátios em um pique e pega descontrolado. Erámos concentrados. Nossa atenção destinava-se aos shortinhos e bambolês que giravam à nossa frente, quais cachorros a verem frangos rodopiando no bronzeamento da assadeira. Ao som de "na pegada do bambo, do bambo, do bambo, do bambo do bambolê", merendávamos, observando os círculos das pélvis femininas que atualmente tornaram-se quadradinhos.

Não sei quem foi o responsável por virular a ideia de que estávamos passando da hora de darmos o primeiro beijo. Que já estávamos na QUARTA SÉRIE. Entre 10 e 11 anos, realmente é cruel ser tido como BV, boca virgem. Naquela época, a humanidade era dividida entre os BV e os não BV (Gostaria de saber quem foi o sensacionalista que, além de ditar a série na qual tínhamos que beijar, criou o infame termo BV. Acho que provavelmente alguém que se tornou jornalista). Todos temiam ser classificados no vexatório primeiro grupo de pessoas.

Nos corredores da Escola Estadual Firmino Costa, nós, da 4ª série, erámos encantados com uma loira da 6ª série chamada Rafaela. Dois anos mais velha, além de ser mais alta que nós, ela tinha curvas que inexistiam em nossas colegas retilíneas. Encantamento que teve seu clímax no aniversário de uma menina da nossa sala, Fernanda, quando algumas pessoas da nossa turma e de outras turmas, como a 6ª série, foram convidadas.

Cheguei na festa e as mesas e cadeiras amarelas e enferrujadas da Skol estavam distribuídas na garagem. Me sentei na mesa dos meninos, a uma distância de duas mesas da das meninas. Meio a copos de guaraná *Taí* e *7up*, coxinhas, cigarretes, empadas e quibes, uma menina se aproximou e disse "Aquela menina ali quer ficar com você", olhei para a fulana, me virei e respondi "Quero não". Minutos depois ela voltou, agora com outra proposta "Aquela ali quer", novamente eu não quis. Ela ia e vinha nas mesas como uma garçonete que oferece empanado de azeitona, pastel murcho e gorduroso repetidas vezes até aceitarmos por dó ou canseira. Entretanto, ela retorna, pela terceira vez, e sentencia "Aquela lá quer ficar com você", olhei e era Rafaela. "Aquela eu quero", respondi com palavras e gestos de cabeça.

Ela retornou a mesa das meninas, acompanhada pelo olhar dos meninos, e deu a resposta. Rafaela sorriu em minha direção. Sorri de volta. A garçonete de ficadas retornou e disse que às 19h30 eu esperasse no banco de madeira lá da calçada, embaixo da árvore de folhas escorridas, semelhante a um salgueiro chorão. Como ainda faltava uma hora para o beijo, fui brincar de pique e pega, elefantinho colorido e dono da rua com meus amigos. Eu corria e suava, os minutos pareciam estacionados e frios. Até que muito tempo depois, perguntei as horas a um menino e ele disse, "19h27". Crianças são precisas nos minutos, nunca arredondam, porque sabem a preciosidade deles e sempre pedem alguns a mais para os pais.

Saí correndo, subindo a rua em direção ao banco de madeira. Um amigo me acompanhou. "O que você está fazendo aqui? Você vai me atrapalhar", xinguei. "Eu quero ver", confessou. Eu, querendo demonstrar uma experiência que não tinha, concordei, "Tudo bem.

Mas se esconda atrás daquele carro ali. Se ela te vê, eu te mato", decretei. Sorridente, ele se agachou atrás do carro e espreitava como alguém em um pique esconde.

De repente, Rafaela cruzou o portão e veio em minha direção. Sentou-se ao meu lado, de costas para o meu amigo escondido e romanticamente disse "Vamos começar?" "Vamos", falei sorrindo. Ela veio até mim e começou a me beijar. Assustado sem saber o que fazer, permaneci de olhos abertos tentando ver o que fazer, seguir o mestre. Porém, naquela pequena distância que estávamos tudo era borrado. Percebendo o incomodo embaçado de se olhar algo de tão perto, fechei os olhos, assim como ela. Eu fiquei parado de boca aberta enquanto ela quebrava o pescoço para um lado e para o outro. Me afastei. Ela me olhou estranho. Tentei voltar e demos dentada. Eu não sabia manobrar minha boca na dela. Ela que instruiu e conseguiu.

Achando aquilo estranho, abri os olhos, olhei sobre os ombros dela e vi meu amigo sorridente e inquieto me dando um sinal de joia entusiasmado. Só assim eu mexi o pescoço, não para imitar o que ela fazia durante o beijo, mas como quem manda alguém se esconder atrás do carro.

"Acho que não sou mais BV", pensei. Apartamos. Olhei pra ela e esclareci: "É melhor pararmos. Minha mãe já deve estar chegando para me buscar. Ela não pode ver isso. Vai brigar comigo". Voltamos à festinha. Durante o parabéns, comendo os docinhos de leite ninho, brigadeiro e bolo, eu só pensava em uma coisa. "Como agir para que minha mãe não perceba que eu beijei? "

Ela vai descobrir. Devo estar com cheiro dessa menina. Já sei, vou correr pela rua, suar e aí terei que tomar banho ao chegar em casa. Assim fiz. Corri morro abaixo feito um bezerro satisfeito. Pouco tempo depois, minha mãe chegou. Entrei no carro com a cara brilhando suor e as bochechas rosadas de tanto correr. "Como foi o aniversário?", "Brincou muito?", a cada pergunta, eu desconfiava que ela estava desconfiada. "Foi bom. Brincamos de pique e pega", respondi, desconversando. Me movia o mínimo possível, temendo que alguma corrente de ar pudesse levar o cheiro da Rafaela até as narinas da minha mãe.

Nunca quis tanto chegar em casa. Nunca minha casa esteve tão longe. Cheguei e corri para o banheiro. Minha irmã estava se maquiando para sair com as amigas. "Como foi o aniversário?", Elas perceberam e estão conspirando contra mim. Minha irmã nunca me perguntou sobre nenhum aniversário que eu tinha ido até aquele dia. Porque justamente hoje ela perguntou, pensei. "Foi bom. Brinquei muito e comi mais ainda", respondi, a empurrando pelas pernas para fora do banheiro e trancando a porta. Enfim, só.

Escovei os dentes três vezes. Bochechei flúor duas. Entrei para o banho. Destampei os xampus e cheirei até encontrar aquele com o aroma mais forte. Esfreguei o corpo com bucha natural, pedra-pomes e muito sabonete. Antes de sair do banheiro, mergulhei e misturei a minha roupa as que já estavam no cesto de roupa suja para impedir qualquer vestígio olfativo. Sai do banho. No corredor, minha mãe questionou "Você está com um cheiro diferente". Misturei dois xampus, respondi.

O Rei Leão

No dia 30 de novembro, morreu o ator e dublador Jorgeh Ramos. Era do recifense a marcante voz que dizia "Sexta-feira, nos cinemas". Contudo, a lembrança que tenho dele advém do primeiro filme que assisti no cinema, há 20 anos. Na época, eu tinha cinco anos, mas recordo de me impressionar com a primeira frase do filme, pronunciada após cinco minutos do início. "A vida não é justa, não é?", ironizava a voz cavernosa que fazia jus ao cenário e à cena. Em uma caverna, o leão petisca um camundongo como almoço e inicia um diálogo existencial. A interpretação criativa de Jorgeh Ramos traz ironia, sarcasmo e crueldade à dublagem do personagem. Melhor até que da versão original, dublada por Jeremy Irons.

Recentemente, revi o filme e fiquei impressionado como eu era uma criança lúcida ou insensível, não sei ao certo. Enquanto minha geração traumatizada nas poltronas e fileiras vizinhas chorava a morte de Mufasa, me recordo de pronunciar a gélida frase "Que meninos bobos. É desenho. Não é de verdade, né, mãe? Mãe?" (Ela estava chorando). Hoje me surpreendo não só com minha insensibilidade na época, mas com a profundidade do roteiro ao lidar com a vida e, concomitantemente, a morte.

A morte paterna não foi algo inédito em um filme da *Disney*, até porque, 52 anos antes, *Bambi* e aquela geração choraram a perda da mãe do personagem. Contudo, o assassinato de Mufasa foi um plano cruelmente elaborado. Mas não perfeito quanto à cena. Ela foi construída de maneira a demonstrar todo o calculismo e frieza de Scar – em posicionar Simba no local da morte do próprio irmão – a claustrofobia do filhote de leão em meio à manada de gnus, o desespero do pai para proteger o filho e doar a própria vida para que ele sobreviva, a perda, a acusação, o autojulgamento e a punição. Pena de morte ao acusado.

Outro ponto que me impressionou foram as cenas soturnas e malévolas, como a que procede a morte de Mufasa. Nela, Scar arquiteta seu golpe de estado e, qual um ditador, resguardado por um exército de hienas, prefacia o futuro da política meio a fumaças verdes de enxofre, vermelhas magmáticas e termina com uma mescla de roxo com vermelho insinuando a vingança e a morte.

Depois da mordida, tem a lambida. Entram em cena Timão e Pumba para suavizar toda a catástrofe que havia acontecido. Em meio a cenários coloridos e diálogos bem humorados, eles apresentam a famosa filosofia de vida Hakuna Matata (sem problemas) e educam Simba em um mundo alternativo.

Revendo o filme, tive *déjà vus* dos fotogramas que se transformaram em figurinhas que preenchiam meu álbum do chiclete *Ping Pong*. Lembro perfeitamente que as páginas continham desenhos dos personagens, mas em preto e branco. Eu, qual o Simba quando sonha em ser rei e aquarela o mundo a seu modo, além de arquitetar uma edificação parecida com uma Torre de Pisa, porém lajeada por elefantes, rinocerontes, hipopótamos, girafas, tamanduás, antílopes e avestruzes, colori, marginalmente, os espaços entre as figurinhas com minha caixa de lápis de cor.

Nessas duas décadas, várias coisas mudaram, aprendi a colorir o necessário, a entender os significados do roteiro de *O Rei Leão*, a ver a morte de Mufasa muito mais incrédulo que à primeira vista e a reconhecer o primoroso trabalho dos dubladores brasileiros (em animações, que fique claro. Obrigado, Jorgeh Ramos). Apenas uma coisa não se alterou: a certeza de que esta é a melhor animação dos estúdios *Disney*.

Silhueta branca

Envolto entre as inúmeras pessoas de costas que observam os formandos a bailarem uma valsa familiar, percebo, entre o lusco-fusco da iluminação colorida e dançante, próxima à pista de dança, ao lado de uma pequena mesa alta com tampo redondo de vidro, uma morena alta silhuetada em um vestido branco com decote arredondado nas costas.

Vidrado com a beleza que emana dela, observo suas mãos, o espanar dos cabelos pretos nas costas nuas, os olhares atentos e os sorrisos doces e sinceros como os de uma criança. Ao menear entre as pessoas, ela exala não só uma fita de cheiro adocicado que a acompanha como um véu, mas uma presença marcante qual uma voz soprana que preenche o teatro. Seu protagonismo deslumbrante desperta a slowmotização dos olhares coadjuvantes. São olhares de farol que acompanham, contemplativamente, o deslizar dela pelo salão. Tendo como extensão o cotovelo, para alertar os distraídos.

Ao espreitá-la, percebo que ela segue até uma mesa e se senta junto a um casal e mais um homem. Sigo-a observando e constato que o rapaz ao seu lado é um amigo que, aparentemente, não (me) oferece risco. Ele se levanta, busca duas taças de espumante e retorna. Bebe. Aguardo um instante e sigo até a mesa. Aproximo, me apresento ao amigo e faço a mesma pergunto pra ele e o casal, "vocês se incomodam de eu conhecer a amiga de vocês?". Eles esboçam surpresa e ela sorri com os olhos, encabulada.

Me sento próximo ao casal e de frente para ela. Converso com os três no intuito de familiarizar com os namorados e o amigo. Apesar de terem apreciado minha abordagem, iniciam uma pequena sabatina. Sou questionado a respeito do anel no dedo anular, se é aliança de compromisso. Respondo que é apenas um anel. E ofereço a ele para que confira que não há nenhum nome na parte interna do adorno. Ele olha e, não encontrando nada, o joga dentro de sua taça, bebe um gole, olha pra amiga e diz, "pode conversar com ele. Tá liberado". Todos na mesa riem. O casal se encara e inicia um diálogo limitado pelos olhos e pontuado por beijos. O amigo se levanta da mesa e se dirige à pista de dança.

Ela diz que sou engraçado e começamos a responder e preencher o lide do flerte. Descubro que ela é modelo, e mais que isso, intermediada por três agências, uma em São Paulo, outra no Rio de Janeiro e, claro, uma de Goiânia, onde estamos. Espantado, percebo a disparidade e a semelhança com *A Dama e o Vagabundo*, titubeio em dizer que sou estudante de jornalismo. Mais do que a simetria respaldada por uma tríade da beleza, me fascina a cordialidade e, sobretudo, a delicadeza de seus sorrisos que revelam dois pares de covinhas singelas, um em cada bochecha almofadada.

Olhando-a e pensando em sua profissão, percebo o quanto faz sentido, etimologicamente, a palavra passarela. Uma junção de duas palavras: passar + ela. Entretanto, pra ela passarela não é um local, mas qualquer lugar que passe.

Apesar de todo aquele corpo esculpido e a postura modelar, descubro que ela é três anos mais jovem que eu. Me levanto e sento na cadeira ao lado dela. Meio a conversa próxima, os dedos dançam pelas mãos e se engaiolam. Beijo a mão dela e miro seus olhos de outono. Nos sentimos. O amigo dela chega e começa a conversar conosco. A chama para ir embora. Ela concorda. Eles se despedem de mim. Antes, ela justifica que fotografou a tarde toda e veio praticamente direto para o baile de formatura, portanto está exausta. "Foi um prazer te conhecer", diz, com um sorriso que me abraça. Pergunto o sobrenome dela para que eu a encontre no Orkut. "Freitas", revela, antes de me agraciar com um sorriso enlevado. Um singelo gesto que prefaciou seu caráter. Aliás, os sorrisos dela são tão sinceros quanto o abanar da cauda de um cachorro.

Em pé, junto à mesa, observo-a deslizar lentamente pelo salão, qual o zarpar de um navio. Ela serpenteia as mesas, ganha a escada e naufraga no mar de ternos e vestidos.

Goiânia, 6 de março de 2010

Mulher não vê a outra, lê

Enquanto escrevia a crônica anterior, eu pensava em quais seriam as reações das mulheres altas que conheço. Fui cobrado por uma crônica sobre as altinhas. Eis alguns pedidos, "quero uma crônica maaaaaara pras altinhas, igual das baixinhas", "Ah, podia fazer uma pras altinhas, poxa. Assim fico com ciúmes das baixinhas". Ao sugerir a leitura da crônica das baixinhas a uma amiga alta, fui recebido com receio, "Ah, eu sou alta. Aposto que elogiou elas". Enquanto outra me confessou, "Eu gostei. Embora eu tenha ficado recalcada por ser uma girafona".

Entretanto, na manufaturação da crônica sobre as altas, percebo que não são apenas fragrâncias cítricas, emadeiradas, abaunilhadas e florais que exalam pelo universo feminino. Meio a diversidade de cheiros, qual corredor de shopping, há uma bruma invisível, mas imanente. A rivalidade feminina.

Existe aquela famosa frase que diz: "Mulher se veste é para as outras". Curioso a respeito da opinião delas sobre essa "constatação", resolvi perguntar-lhes, independente do tamanho, baixinhas e altas.

Das 22 mulheres com quem conversei, pude ouvir pérolas de guerrilha e comportamentais a respeito da competição feminina.

"Mulher sente o cheiro da outra se sentindo atraída por um macho e começa a trabalhar pra ser a escolhida", "em uma festa, se tem uma mulher mais bonita, bem vestida e com o cabelo melhor, a gente pode ficar incomodada", "normalmente mulher foi ensinada a fazer cena, marcar território, atacar a outra para se sobrepor".

Todas elas concordaram que a maioria das mulheres é competitiva, embora muitas não assumam. "MUITO. EXTREMAMENTE. Só se ela for Gandhi pra não ser um pouco". Elas também concordaram que grande parte das mulheres se veste para as outras. Inclusive, a maioria delas revelou se produzir para si, mas, principalmente, para ser mais linda que as outras. "Esse senso de que é preciso competir, ser a mais bonita, mais desejada, mais magra (e que o resto não importa muito) às vezes é incutido nas meninas desde bem pequenas", me revelou uma delas.

(Certa vez, meus sobrinhos, um de cinco anos e outro de três, brincavam com dois carrinhos de *Lego* iguais. Em determinado momento, o mais velho colocou algumas peças a mais em seu carrinho, o diferenciando do outro. Então perguntei, "Por que o seu tem essas peças a mais que o dele?" Ao que respondeu, "É pro meu ser melhor do que o dele". Com isso, falei, "O seu não precisa ser melhor do que o dele. Pode ser igual". Pouco tempo depois, ele colocou as mesmas peças a mais também no carrinho do primo. É óbvio que a competitividade é uma construção social e cultural do ser humano. Os homens também são competitivos. Quem é o melhor? O maior? Quem tem o melhor carro (mesmo que de Lego)? Quem recebe mais? E demais quesitos fúteis comparativos. Porém, como mencionado na cumeeira do texto, essa crônica fagulhou do questionamento de mulheres altas "incomodadas" com a crônica sobre as baixinhas. Sendo assim, retornemos à competição)

"Quando vou a um lugar que tem uma mulher que não gosto, sempre me visto o melhor possível para poder ficar melhor que ela".

"Se vou a um lugar que tem mulheres que vão reparar, eu vou linda e na moda".

Sabendo que serão lidas do couro cabeludo à pintinha tímida no rodapé da sandália, é natural que elas façam tanto cabedal de escolher o cabide certo. Mas é lógico que pra isso é preciso que algo sobrenatural aconteça. Algo semelhante a um tornado em um brechó. Sapatos, calças, vestidos, cintos, saias, shorts, blusas, lenços e jaquetas ganham tudo quanto há espaço no quarto delas. (Se toda mulher fosse obrigada a arrumar o seu quarto antes de sair de casa, grande parte não sairia ou não ficaria tanto tempo em dúvida sobre qual look usar)

Tamanha preocupação que se dá ao julgamento das outras mulheres é evidente. Mas e quanto a nós, homens? Há diferença na maturação do look quando saem com algum de nós para quando saem para algum lugar onde terão várias mulheres a observá-las?

"Quando saio pra um lugar em que terão outras mulheres, eu penso no que elas vão vestir. Não quero estar abaixo do nível, mas quero manter o meu estilo".

"Me visto pra mim e pra ele, mas também para irritar aquelas que dão em cima do homem que está comigo".

"Me arrumo pra mim, pra ele e o resto das pessoas que me verão com ele, principalmente para as mulheres que vão pensar duas vezes antes de olhar pro meu bofe na hora que o virem com uma loiraçaaaa".

"Sempre que saio com homem encontro alguma mulher, né? Então me produzo meeeesmo!"

"Sempre me arrumei na mesma proporção para sair com um cara ou com as amigas. Minhas amigas eu quero que desejem ter o que eu tenho. Sem hipocrisia. Porque aí, eu sei que estou bonita. Serve bem mais de parâmetro que um elogio do boy, por exemplo. É o melhor meio de saber que ando bem vestida".

"Penso em estar bonita pra mim e pro meu namorado. Mas tem hora que num tem como, penso, mesmo inconscientemente, nas pessoas que estarão lá e o que vão achar do meu look. Então, muitas vezes, acabo que nem visto por mim, mas para as outras".

"Não nos vestimos pra vocês. Vocês não ligam pra roupa".

"Se eu fosse me vestir pra homem, eu ia só de lingerie".

Extremismos a parte, vale lembrar que há homens críticos que reparam as mulheres assim como uma delas. (Teve uma época que era moda sutiã com alça de silicone. Tinham uns com alças que, além de serem de silicone, continham glitter prateado. Bisonho! E não, não era coisa de garota de 15 anos)

"Elas pensam bem na imagem que vão passar e a roupa traduz isso. Desencanada, chique, gostosona ou blasé".

O medo de escolher um figurino aquém ou além das outras causa bastante inquietação. Por isso, é comum amigas se consultarem ao melhor estilo Noel Rosa, "Com que roupa? Com que roupa eu vou?".

Festas como casamento e, principalmente, formaturas, seja de oitava série, terceiro ano ou de faculdade são como *Copa do Mundo*. E não é pelo fato de acontecerem entre um intervalo de quase quatro anos ou pouco mais. Mas por gerarem muita expectativa, mão de obra e terminarem fugazmente. Se perguntar a cada mulher como foi a preparação do look dela para aquela festa, ouvirá epopeias que poderiam compor um livro chamado *As Luzias* e que invejaria Camões.

Eventos como bailes, que exigem como traje vestido longo, são o suprassumo do armário. E por isso, muitas mulheres dizem, "eu preciso comprar roupa! Eu não tenho roupa pra ir!" Para elas bailes são tão intimidadores como a plumagem laqueada de um pavão real, cujas penas se assemelham a dezenas de olhos a observá-las. Devido a essa áurea toda é que se elas encontrarem na mesma festa outra com a roupa igual, pensamentos homicidas passam por suas cabeças.

E essa catástrofe apocalíptica não é tão rara como eu imaginava. Me contaram quatro histórias, das quais descreverei duas, sendo que a segunda foi uma epopeia.

"Certa vez, em uma festa de casamento no sítio, uma menina estava com um vestido igualzinho ao meu, mas de cor diferente. Só olhei pra ela de longe e falei, 'cada uma num canto, por favor.' Ainda bem que tinha vários ambientes. Mas, mesmo assim, o pessoal ficava comentando. Foi péssimo".

"Na formatura de um amigo, fiquei meses procurando pelo vestido perfeito, até que encontrei, parcelei e comprei. No dia da festa, esse meu amigo fretou uma van para levar os convidados ao baile. Estávamos todos na porta da casa dele esperando apenas uma convidada, quando, de repente, ela me aparece com o vestido IGUAL AO MEU".

(Na mesma hora que ouvi esse relato, pensei na reação das pessoas que estavam com ela ao ver a "sósia" chegar. Só pude imaginar um frisson uníssono como um "noooooooo" de uma turma de ensino médio que reagiu por ela)

"Dizem que tinha que ter filmado a minha cara. Fiquei puta na hora porque pensei, 'Ô louco, só tinha esse vestido à venda'. Eu queria matá-la. Mas aí descobri que ela viu o vestido e mandou fazer idêntico. Não bastava copiar "só" o vestido, mas também a cor. E o pior é que o povo ia pensar que o vestido estava em liquidação. (Nada é tão ruim que não possa piorar). Fomos escutando zoação o trajeto inteiro. Aí, quando chegamos, inventamos que tínhamos acabado de voltar de um casamento no qual fomos damas de honra".

Apesar das mulheres não se vestirem para nós, somos quem contemplamos a deslumbrante disputa de cores entre elas. Tal qual o público que deleita ao ver a competição cromática entre as boas fadas madrinhas Flora e Primavera pelo vestido da princesa Aurora.

Prefira digerir a ruminar o término

Todo relacionamento amoroso é único e maçônico. E, portanto, apenas quem faz parte sabe dos segredos que o envolvem. Um relacionamento não termina do nada, sem mais nem menos. Não se trata de um cavalo semi-indômito, que há pouco comeu ração na sua mão, qual um cão, e que, minutos depois, a pinotes, o pincha ao chão. Engana-se aquele que diz "Simplesmente do nada, disse que não me amava mais e terminou". Já ouvi essa frase tão falaciosa como uma miragem da boca de homens e mulheres.

Sherlockize um pouco sobre o comportamento do parceiro semanas, meses antes da tal impetuosa notícia. Por mais cafajeste ou ordinária que seja aquela pessoa, antes do xeque-mate ela procurou agir de maneira mais evasiva, omissa, elíptica. Porém, quase sempre é ineficaz. A priori, tendemos a dar pistas de que estamos querendo nos desvencilhar. Entretanto, para o outro, nunca é ululante, mas apenas um sussurro asmático. Isso é normal, afinal ninguém inicia uma relação pensando no término. Por isso, tal miopia diante das pistas deixadas pelo outro é compreensível. "Elementar, meu caro Watson!"

Diante do turbilhão turvo de sentimentos e lamentos que precedem ao famigerado momento, é impossível ter esclarecimento.

Com isso, essa época é na maioria das vezes traumática para muitas pessoas. Não há ópio ou remédio que dê jeito. Conheço mulheres que emagreceram 10, 15 quilos após o final de um relacionamento, outra que tentou se enforcar com a mangueirinha do chuveiro (óbvio que deu errado, caíram os dois ao chão), entre outras bizarrices suicidas. Mas essas façanhas não são apenas femininas, sei de homens que ficaram profundamente melancólicos, depressivos, sem rumo e nem prumo durante seis meses. Mais perdidos que criança em praia.

Aliás, nós, homens, tendemos a não saber lidar com o término. Acredito que por pensarmos e acreditarmos que devemos ter total controle das rédeas em todas as situações. Sendo assim, quando algo foge à andadura esperada, é um pagode sem sanfona. Além disso, há a mentalidade machista de objetificação da mulher. Esse pensamento rupestre de que a mulher pertence ao homem é o gatilho dos feminicídios.

De acordo com o Instituto de Pesquisa Econômica Aplicada (Ipea), 40% dos homicídios de mulheres no mundo são cometidos por um parceiro íntimo, ou seja, parceiros ou ex-parceiros. No Brasil, entre 2001 e 2011, estima-se que ocorreram 50 mil feminicídios. Praticamente 5.000 mortes por ano. Os faraônicos números constatam a primitividade masculina e o despreparo para lidar com o término.

Aceitar a queda daquela relação que parecia sólida, mas que no âmago era de areia praiana, qual o edifício Palace II do Sérgio Naya, é inaceitável. Apenas um perito amoroso poderia laudar as incongruências da relação. No entanto, relacionamento não é laudo. Relacionamento é meândrico como o rio Amazonas. Sendo assim, apenas quem navega nele sabe dos serpenteios. E é por isso que explicar a alguém os motivos que levaram ao término da relação é extremamente flageloso e indialogável. Por mais que você tente esclarecer, só quem esteve na relação é que sabe da maçaroca.

Certa vez, uma prima questionou meu irmão sobre a situação de recém-separado dele. Toda prestativa, e sem maldade, ela argumentou que era possível haver uma boa relação entre as partes. Ao que ele respondeu, em tom de deboche, “Resolver a vida dos outros é muito fácil. Eu resolvo a sua em quinze minutos”.

No que diz respeito ao término de relacionamentos, nós que estamos de fora somos como telespectadores de um telejornal, na maioria das vezes, só vemos e ouvimos um lado da notícia. Em seguida, tiramos nossas próprias conclusões e abstraímos. O desenlace dos outros, mesmo de um amigo próximo, é notícia temporal. Logo após, relevamos como a um mendigo e desinteressamos qual criança hiperativa.

A pior parte do relacionamento não é terminar, e engana-se quem pensa que é conviver com o término. O pior é ter de responder aos questionamentos alheios, "Gente, mas por quê? Formavam um casal tão lindo. (Como se feio não merecesse formar casal) O que aconteceu?"

Todos sabemos que ao final de uma relação o que não falta são palpiteiros, pseudo-psicólogos de casais, pessoas de boa índole, curiosos e hienas do término alheio. Entenda hienas como aquelas pessoas que riem e ficam rondando com o intuito de se aproveitar da situação, ou melhor, da separação.

Com o término aparece o quê? As clichezônicas frases ao léu. "Deus sabe o que faz", "Vocês vão voltar! Você vai ver", "Dê tempo ao tempo", "Tudo se resolve", "A vida é assim mesmo", "Bola pra frente", "Vida que segue", a inocente e vaga, "Você vai encontrar alguém melhor. Tenho certeza" e a clássica e sofrível ideologia do Zeca Pagodinho, "Deixa a vida me levar / vida leva eu".

Na maioria das vezes que escutamos coisas do gênero, elas são ditas de forma displicente ou por falta de argumentos. Soam tão naturais quanto as perguntas de fim de ano, "E as namoradinhas?", feita quase sempre por um tio, ou tia, do pavê ou pacomê.

Não quero dizer o que você deve ou não fazer após um término. Como agir? Dez dicas para passar bem após o fim da relação. Como ser desejado. Os truques dos galãs de Hollywood. Torne-se uma sex symbol com a barriga invertida.

Leitora, eu não sou uma capa de revista feminina que promete resolver a sua vida com truques e maneirismos.

Leitor, eu também não sou a pífia *Men's Health* que vai te "ensinar" a ser um Casanova com barriga de tanquinho após um pé na bunda.

O que sugiro é que você puxe a capivara do relacionamento e, qual Sherlock, com lupa ou sem, assunte as pistas até o derradeiro término. A partir do término, você conviverá com dois verbos, digerir e ruminar. É preferível que opte pelo primeiro, apesar de que a maioria prefira conviver com o segundo.

Por fim, reflita sobre duas frases:

Que a vida de recém-solteiro são dias de dezembro. Instáveis, imprevisíveis, e que alternam tormentas e bonanças em períodos brevíssimos.

E para arrematar, a diplomática frase escrita pelo genial Guimarães Rosa e que deveria ser o prefácio de todas as relações, "Não convém a gente levantar escândalo de começo, só aos poucos que o escuro é claro".

E quando não há término no término?

É quando o The End não sobe. Eis então que temos o clássico chove-não-molha. Aquele relacionamento borrifado que, vez ou outra, orvalha esperança nos envolvidos.

Xico Sá costuma dizer que "homem é vírgula, no máximo ponto e vírgula. Mulher é ponto final". Por isso, na maioria dos términos, é a mulher que diz o basta. É ela que arrocha o parceiro e enfatiza o "Não dá mais!" Quem define as pontuações na gramática amorosa é ela.

Entretanto, nessa gramática não há reformas como as da nossa língua, mas preservação. Sendo assim, quem escreve o roteiro do relacionamento são elas. Nós interpretamos e dirigimos... o carro. E olhe lá. A edição final sempre é dela.

De todas as pontuações que as mulheres podem nos submeter, a mais complexa é a reticência. O ponto final é onipotente, autoritário, desde que sozinho. A trilogia do ponto é intrigante. Três pontos não são a ênfase soberana do fim e muito menos um negrito garrafal no The End. Três pontos são como a faixa tracejada de uma rodovia que se perde ao horizonte. Sabemos o rumo, mas desconhecemos o itinerário.

Dentre a incerteza de caminhar sozinho e a de jornadear com o parceiro/ex-parceiro, preferimos a dupla à carreira solo. E é nesse instante que a recaída atua. A recaída amorosa é a ressaca do amor. Não se engane, bebum. Sei que deve ter afogado as mágoas com pinga, cerveja, Alba, Campari e outras bebidas com gosto de cabo de vassoura em botecos nunca dantes navegados. Com direito a compotas de ovos arcoirísticos e ao som de uma jukebox mais eclética que roupas de brechó. Porém, a ressaca empregada não é a botequiana, mas a marítima.

Sendo assim, recorro ao Aurélio para a definição ideal. Ressaca: "Refluxo de uma vaga, depois de se espraiar ou de encontrar obstáculo que a impede de avançar livremente". O que mais ocorre com a maioria das pessoas recém-terminadas é que ao espairecer e encontrar obstáculos – principalmente nas agruras da conquista de um terceiro – opta por refluir.

A recaída é o refluxo do término. Tão natural como a ressaca do mar. Por isso, muitos relacionamentos são um lequeleque, qual mato na beirada da estrada. Assim como aquele brinquedo de garrafa pet e barbante chamado vai e vem.

Essas idas e vindas engrenam e desengrenam o relacionamento, tornando-o eletrocardiogrâmico. Relacionamentos são novelas protagonizadas, roteirizadas e dirigidas por nós. Só pode ser essa a explicação para tal frisson quando nos vimos em um *Vale a Pena Ver de Novo*. Ou seria *Reviver de Novo*? Mais emblemáticos que os relacionamentos *Vale a Pena Ver de Novo* só os de *Lagoa Azul*.

Passam-se anos e, de repente, quando menos se espera, em uma tarde de terça-feira, você se espanta e vê, pela lagoazulnézima vez, Emmeline e Richard novamente juntos. No que só conseguimos reagir com o "Uai, de novo?"

Mas também há os relacionamentos Simpsons, aqueles que se tornaram um seriado com várias temporadas. Enquanto tiver audiência, eles se roteirizam e vão levando com a barriga, no lengalenga, enchendo linguiça. Até que a mulher se cansa e decreta o fim.

Porque mulher pode ter mais reticências que um dálmata, mas ela sempre saberá quando não caberá mais nenhum ponto na vida dela.

"Decifra-me ou te devoro"

"Escreve de uma coisa que acontece com todas? Gostar do cara errado, do galinha e ser desinteressada dos legais. Você pode perguntar a 30 mulheres. 50 responderão que isso já aconteceu. Porque às vezes acontece mais de uma vez", me sugeriu uma leitora. Devido ao pedido e à curiosidade feminina em desvendar o motivo pelo qual elas se rendem ao cafajeste, eis os meandros que o envolvem.

O cafajeste é a esfinge em forma de homem. Ele é enigmático. E, sendo assim, não é preciso que a mulher assine a revista *Super Interessante* – que tem como público alvo curiosos natos – para querer decifrar esse enigma masculino. Ninguém cobiça aquilo que está ao seu alcance. E por acreditar que possa decifrá-los é que grande parte das mulheres insiste em conquistá-los. "Decifra-me ou te devoro". Você não o decifra e ele te devora.

O cafajeste é um *bon vivant* que sabe te olhar, te cheirar, te azucrinar e te surpreender. O Casanova sabe muito bem que não há partitura na conquista, mas improviso. Ele te surpreende com um beijo de frase inacabada. O cafajeste tem a bipolaridade de te afagar o rosto e mover com os dedos suas madeixas para trás da orelha, qual um cafuné de mãe, e, em seguida, puxa seus cabelos da nuca, inclinando o seu pescoço, e, imediatamente, te beija a boca de modo a deixá-la entre aberta após ele recuar os lábios. Como se nada tivesse acontecido. O destempero do cafajeste é o tempero que você deseja.

O cafajeste te deseja pelo olhar, te come com os olhos, não me refiro àquele unívisо pedreiral grosseiro e clichêzônico, qual os olhares dos cachorros sentados no passeio a flertarem os frangos rodando na assadeira. Mas um olhar dúbio, que a deseja e a esnoba, simultaneamente. A mirada do bem e do mal, da certeza e da incerteza, do desejo e do receio. Mulheres são estereogrâmicas e, sendo assim, é necessário que observemos bem para não confundirmos um cacoete com uma demonstração de interesse. O olhar cafajeste é nítido aos meandros femininos. Ele sabe muito bem a diferença entre sentir frio e se expressar defensivamente, ambos com o cruzar de braços.

O cafajeste é tradutor das elipses femininas e, como tal, sabe muito bem que na frase, "não, paaaaara!" quanto mais A's tiver, mais interessante e maior a atenção. É como um semáforo no amarelo. É preciso ter atenção, cuidado, mas com prudência e assuntamento poderá seguir.

Não é de hoje que sabemos da legibilidade do nosso corpo. Há mais significados na mão dela a ondear a franja do que possamos supor. Mulheres são hieróglifos e para lê-las e interpretá-las é preciso estudo, principalmente de campo. O cafajeste é o historiador feminino, não apenas por deter um histórico de conquistas, mas por observar sobranceiramente o universo gestual e comportamental feminino. Através da experiência, ele decodifica as mulheres e acaba deduzindo alguns ritos evianos. Como, por exemplo, no caso de um flerte em uma boate, o cafajeste sabe que deve dar mais atenção às amigas do que à mulher pela qual ele tem interesse. Afinal, se as amigas saírem provavelmente arrastarão a digníssima com elas. Porque mulher é tribo e anda em bando. Porém, o cafajeste sabe.

O cafajeste possui a astúcia serpenteana que instiga as descendentes de Eva. E mais que isso, ele é tão atrativo e dúbio quanto o fruto da árvore do bem e do mal.

As mulheres incitadas – por atração ou teimosia e, por que não, competitividade – tendem a usufruí-lo com o intuito de domá-lo. Muitas caem no conto do vigário ao pensarem, "comigo será diferente". E, na maioria das vezes, acontece exatamente aquilo que é descrito na música *Confesso, eu sou cafajeste* – em homenagem a Reginaldo Rossi – da banda Pedra Letícia.

Saímos às escondidas / E no carro aconteceu / A nossa primeira vez / Ali mesmo que se deu / Agora você me cobra / Que eu seja somente seu / Saiba que eu ainda sou aquele / Que na noite você conheceu

Enquanto alguns têm o ouvido absoluto, o cafajeste tem os olhos absolutos. Eles são aguçados para perceber aquilo que a maioria é incapaz de identificar.

O cafajeste é como a raposa de *O Pequeno Príncipe*, ele te ensina a cativá-lo e ter necessidade dele. E ele sabe muito bem que a "linguagem é uma fonte de mal-entendidos". O cafajeste não te conquista, mas te submete. Te submete a um suspense que antecede o clímax. E faz do clímax um momento que dure toda uma vida. O cafajeste te faz sentir única e talvez seja por isso que algumas mulheres prefiram o cafajeste a um homem frouxo.

Porque o cafajeste é catapora. Você pode até ter vivido 28 anos sem ter contato com ele, mas quando menos espera, numa tarde de terça-feira, ele te pega. Entretanto, diferente da doença, o cafajeste não te garante imunidade por toda vida.

Tudo vale a pena se a confiança não for pequena

Na vida temos duas certezas, uma é de que vamos morrer e a outra é que os homens sempre acompanharão o transitar das mulheres para verificar o derrière delas. É da natureza masculina espreitar os rebolados femininos. Como é da natureza feminina se vidrar com as vitrines alheias. Assim como há vitrines e vitrines, há derrières e derrières.

Olhar na vitrine aquela sandália em verniz e texturizada em snake na cor nude te faz imaginá-la em seus pés e desejá-la. E, mais que isso, você já pensa na roupa que usaria com ela e no lugar que iria para estreá-la.

Olhar o menear do quadril feminino em uma wet legging, luxúria materializada em calça, te faz desejar aquele derrière. E, mais que isso, desperta a imaginação de como é aquele conteúdo que está revestido por aquela vestidura tal qual epiderme de foca.

Calma, mademoiselles. Eu sei que está achando a comparação absurda, mas sejamos sinceros, estou confrontando objetos cultuados por cada gênero. E não estou sendo machista e muito menos objetificando a mulher à bunda. Longe disso. Ninguém olha pra um vestido floral e pensa na credibilidade dele. A relação é superficial. Assim como a de um homem ao olhar um derrière.

Olhar vitrines não gera faturas em seu cartão, assim como seguir um derrière com um olhar de farol marítimo não é traição. É óbvio que, estando acompanhado da parceira, o mínimo que se pede é discrição, meu caro. Sabemos que todos olhamos para todos, mas evitar aquele olhar descarado de criança quando vê alguém com alguma imperfeição é fundamental.

Estamos na época mais propícia para cultuar o próximo, na estação de poucas roupas e muitas marquinhas. Um amigo me sugeriu, "acho que deveria escrever sobre os shorts que elas usam no verão. O mundo é um lugar melhor quando mulheres usam shorts".

A beleza das mulheres em seus shortinhos é devida à periodicidade. Em cidades litorâneas, nas quais o modelito é praticamente um uniforme, com certeza há homens que acham bonito quando elas vestem calças ou vestidos. O belo nada mais é do que aquilo que destoa da normalidade. O que é a beleza do ipê senão a época da sua floração, entre os meses de agosto e setembro?

Se até agora não te convenci, mulher, eis uma verdade sobre o voyeurismo das ruas que Nelson Rodrigues poderia ter escrito em *A vida como ela é*... Cobiçar um estranho pelos passeios da vida pode fazer bem ao relacionamento. Muitos podem negar, mas quem nunca sentiu tesão por alguém fora da relação e, em seguida, teve a impetuosa volúpia de comer o parceiro como nunca dantes?

Apesar dos 150 tons terem manchado as livrarias com escrita turva, é possível que maridos, namorados e noivos tenham se beneficiado, sem ler e muito menos saber, da trilogia de E. L. James. Óbvio que a maioria sequer sonha que foi o Christian Grey da parceira por alguns instantes. E os que não tinham uma noite motelzônica na época de *Avenida Brasil* e agora, logo após *Amor à Vida*, a tem? É a caiocastrozação que vem afetando as donzelas noveleiras.

Enquanto a maioria das mulheres precisa de enredos carnavalescos, para grande parte dos homens basta ver uma bunda purpurinada. Não se trata de traição mental, termo medíocre e medieval, mas de uma característica erotógena natural aos seres humanos.

Portanto, cada um tem seus estimuladores, seja a série *Crossfire* ou uma panicat. Querer não é ter e quem não tem Gideon Cross transa com o parceiro que tem. Mas um alerta, não vá ficar neurada, achando que ele só está te querendo naquele momento porque viu um par de pernas exuberantes no shopping ou a Nicole Bahls de biquíni. Relaxe e goze.

Sabe qual é a chance dele ter a panicat? A mesma que você tem com o Caio Castro. Portanto, deixe que ele observe os derrières alheios, mas dê umas cotoveladas e beliscões de vez em quando para não banalizar o ato voyeurista. Afinal de contas, no que se refere a reinventar as erupções sexuais de um casal, tudo vale a pena, se a confiança não for pequena.

Chuva

Quando chove me dá vontade de ser telhado.
De ser molhado, lavado e escorrido.
Não gosto de calhas.
As acho canalhas.
Elas têm mania de manilha.
Escondem e nos impedem de ver o desaguar.
Já as correntes que se amorcegam das cumeeiras...
Essas sim têm dignidade.
Elas sabem apreciar o chorar da chuva.
Apreciam a estalactização da água.
O encantado da chuva é semelhante ao do vento, ambos são independentes.
Vem, nos flerta, nos roça a nuca e se esvai.
Entretanto, o vento é fugaz, incompleto.
A chuva muitas vezes sucede o vento.
Ela é maldosa, saudosa e provocativa.
Porque depois que passa, o molhado fica.
E, muitas vezes, o resfriado também.
Diferente do vento, a chuva não é apenas sentida, é palpável.
Tem gosto, cheiro e brilho.

Saudade é a esquina da alma

A saudade é um vulcão que adormece em nós.
A ebulição vem através de um cheiro, uma foto, um objeto, uma frase.
Mas, sobretudo, no esborcelar do martelo nas cordas do piano.
Na partitura de sentimentos que nos coabita, a saudade é um acorde soaberto.
É um sentimento que nem sempre se resolve.
Ela é um concorde menor com sétima.
Enquanto o acorde menor é nostálgico, com sétima é incompleto.
Sendo assim, causa incômodo aos ouvidos ao pedir outra nota.
A saudade é um sentimento transpositório que clama por alguém.
Em nossas vidas, o que se passou nos acompanha.
A saudade é uma sombra sem silhueta.
É inesperada e passageira como o uivo a ferir a madrugada.
A saudade é ponte entre passado e presente.
É um ipê que floresce em nós.
É uma essência que não lembrávamos.
A saudade é uma turnê introspectiva.
É uma vela que insiste em se reacender.

É fênix.
A saudade é um feixe de luz que adentra a fresta do sarcófago da alma.
A saudade é um não alguém que nos delata.
A saudade é súdita.

A angústia eletrocardiogrâmica

Dentre todas as construções edificadas pelo homem, nenhuma é mais emblemática do que a escada. Desculpe, Cleópatra. Mas nem mesmo suas pirâmides têm a capacidade de causar tamanha aflição, agonia, ansiedade e apreensão em nós (Isso pra ficar apenas na letra A).

Aguardar uma pessoa em um patamar abaixo do dela talvez seja um dos motivos que nos incomoda tanto. Nos sentimos inferiores. Até porque, quando aguardamos uma pessoa subir as escadas é completamente diferente.

Nos sentimos crianças em véspera de Natal. Porém, sem ver o presente. Nas "horas" de espera pela pessoa "passam pássaros e aviões" e, na escada, Pepê e Neném, Vinny, Belchior, Wally, aquela professora do jardim de infância que você não via há 20 anos, o Mestre dos Magos, enfim, até a uva passa. Pessoas de todas as faixas etárias e estilos. Um brechó de gente. Elas descem. Ela não. A ansiedade sobe.

Não me refiro às escadas em caracol ou de bombeiro, e muito menos à rolante. Pois a primeira, quem aguarda voyeurmente, quando se vê a outra pessoa é apenas de perfil e rapidamente, devido ao movimento circular. Na segunda, se vê o corpo como um todo se deslocando parado, em um plano geral.

A escada que me refiro é frontal, portanto cinematográfica, mas não só por isso. Cada degrau é um plano e à medida que a pessoa surge no nosso enquadramento, campo de visão, vemos uma sequência que percorre quase todos os planos, do detalhe ao geral. Vemos os pés, as pernas, o tronco e, por fim, o rosto. É um momento stripteaseano, no qual observamos aos poucos, cada detalhe, e imaginamos. Será que… Não, parecia, mas não é ela.

Quando se aguarda alguém no sopé da escada, ela é protagonista. A escada, claro. Quem se espera é coadjuvante. Gênio que foi, Alfred Hitchcock sabia disso. Tanto que em *Interlúdio* (1946) ele fez da escada um personagem importantíssimo para o suspense da trama. Para a cena final do filme, Hitchcock construiu um segundo lance de degraus para torturar os espectadores que acompanhavam a câmera sair. Aumentando a tensão no clímax. Essa angústia eletrocardiogrâmica que a escada nos submete é devastadora, tanto no filme quanto na vida real.

E quando há outras opções além daquela escada que flertamos?

Será que ela desceu de elevador?

Pela outra escada?

Não! Lá vem ela. Ela desce. As sobrancelhas sobem e as pupilas diminuem. É ela.

Banheiro feminino é canivete suíço

Em um banheiro de algum bar, entre tantos, na noite de uma cidade. Três mulheres entram escancarando a porta e as vozes.

Mulher 1:

– Nossa, amiga. Aqui, você vai ficar com ele, né?

Mulher 2:

– Ai, não sei. Ele não faz meu tipo.

Mulher 3:

– Nem vem. Oh, você vai pegar ele sim. Quero carona pra ir embora.

Mulher 1:

– É! Não tenho dinheiro pra ir embora de táxi. Então, dá seu jeito.

Mulher 3:

– Nem eu tenho. Tá lembrada daquela vez? Quando fiquei com aquele cara esquisito porque vocês queriam carona? Pois é.

Mulher 1:

– É! Sua vez, amiga.

Mulher 2:

– Tá bom!

Saem as três sem terem aberto uma torneira, um zíper, um botão, um velcro.

Este foi um diálogo real que já presenciei em um banheiro feminino. Após o acontecido, refleti bastante sobre o que ocorre nos bastidores do universo das mulheres. E, como tudo que pertencente ao blush cósmico, a toalete não foge à complexidade do mundo delas.

Enquanto em nosso ambiente, que é semi-sepulcral, a única preocupação é na distância com que algum homem possa ficar de você no cocho urinal ou mictório. Na porta vizinha, existe um mundo dentro dele, qual o guarda-roupa de *As Crônicas de Nárnia.*

A metáfora é válida pelo fato de o banheiro feminino ser muito mais que um mero urinol, aliás, dentre todas as coisas que é, banheiro é apenas o rótulo. Com isso, vejamos o canivete suíço que é e suas funções:

Confessionário: Assim como o exemplo citado no início, outras confissões são feitas entre o espelho e os vasos sanitários. Comentar sobre determinada pessoa, sendo mulher, "você viu a roupa que aquela baranga está vestindo?". Sendo homens, "viu quem está aí? Gato demais!" Ou os dois juntos, "viu a piriguete que está com o cachorro do meu ex?". "Eu sou mais bonita que ela, não sou, amiga?" E, assim, inicia a terapia de autoajuda e valorização feminina.

(Se a fila do banheiro estiver grande, elas começam as confissões e questionamentos do lado de fora e vão ponderar, replicar, treplicar e concluir entre flertes com o espelho e mordidas sem dentes para arrematar a pintura dos lábios)

Salão de beleza: Blush, rímel, batom, lápis de olhos, corretivo, curvex, escova, espelhinho. Sim, isso tudo há dentro da bolsa de algumas mulheres que vão ao banheiro para retocar a maquiagem. Porém, ouvi de informantes femininas que a mulher que vai ao banheiro para retocar a maquiagem "é porque viu um cara gato e tá querosa. Senão, ela olharia no espelhinho mesmo (que carrega na bolsa) ou na tela do celular para ver se está tudo bem".

Reabilitação: É pro banheiro que as amigas levam a parceira que precisa de cuidados pós-etílicos. E, óbvio, após todos os procedimentos, não se pode esquecer de retocar a maquiagem. Afinal, pode estar bêbada, mas que continue *mac-ada.*

Refúgio: Que mulher nunca utilizou o banheiro para fugir de um bêbado ou inconveniente conquistador que não percebeu as indiretas e até diretas dela de que NÃO está a fim? Na cabeça dele, se trata de charme por parte dela.

(Aprenda a diferença, Shrek. Charme vem acompanhado de sorrisos nos olhos, tão discretos quanto o movimento cervical que ela faz para te olhar por sobre os ombros. Já o desprezo é seguido de braços cruzados, respostas monossilábicas e sorrisos odontológicos)

Academia: Como nada é fácil no universo feminino, utilizar o vaso sanitário não seria diferente. Em banheiros públicos, as mulheres malham o quadríceps até queimar as coxas quando precisam de fazer suas necessidades. Mas caso ela esteja mais alegrinha, aí o auxílio da amiga é necessário. Se homemaranhar nas paredes do banheiro? Jamais.

Se achamos que nosso banheiro é sujo, pelo fato de os homens entrarem praticamente urinando por todo o chão, não queira imaginar o delas. O que posso te dizer é que algumas vezes o banheiro feminino lembra o sucesso *Vermelho*, da banda amazonense Carrapicho. Pra quem não lembra a música, eis um trecho "Vermelhou, o curral". Não que eu esteja chamando as mulheres de vacas, mas apenas dizendo que, em alguns dias, elas deixam o rastro por onde passam.

O banheiro feminino é o bastidor do baile de máscaras. É onde as mulheres podem retomar seus rostos transfigurados em público. Sendo assim, a toalete delas é metonímia do universo feminino. É uma parte que corresponde ao todo.

A expectativa aumenta o prazer

Em um pub, ambiente de lusco-fusco artificial, pessoas em pé e sentadas conversam e se observam. Meio ao instintivo olhar de sonar das pessoas, algumas acabam se detectando.

Jorge vê uma morena de olhos gateados. Ela conversa amenidades com três amigas.

Ele a fita. Ela tem a sensação de que alguém a olha. Incomodada, ela relanceia. No mesmo instante, um amigo de Jorge o interpela. Ele o responde, mas espia, de rabo de olho, a morena a olhá-lo.

Sagaz, ela se vira para as amigas e comenta algo. Após terminar a cerveja, ele vai até o balcão para buscar outra. Na trajetória, passa por trás da rodinha de amigas da tal morena, de maneira a encará-la. Ele para por um instante. Acontece um entreolhar de dois segundos.

Quando chega ao balcão, ele sorri para si. Enquanto ela é abordada pelos olhares e sorrisos cúmplices das amigas.

Após algumas músicas, cervejas, papos triviais, jogadas de cabelo e flertes, ele vai até ela.

Jorge a aborda. Lívia se apresenta. A conversa flui, surgem os sorrisos, que são sinceros, e o interesse, que é mútuo. Os ponteiros do relógio se distanciam. Jorge e Lívia se aproximam. Enquanto os dedos dele percorrem os longos cabelos dela, até afastá-los do pescoço, ela torna-se estática e com o olhar vidrado. Ele diz algo sobre algum conhecido em comum e observa o brinco dela de pedraria. Fingindo apreciar o adorno, ele se aproxima, cheira o pescoço dela e pergunta, com os lábios no ouvido dela, "Que perfume é?"

"Light Blue", responde, acanhada.

Em seguida, ele beija o pescoço dela. Os pelos dela se acarrapicham. O pescoço se inclina e o ombro se levanta, em um movimento de esquiva. Lívia, em uma espontaneidade deliciosa, diz, com um sorriso queroso, "calma!"

Eles conversam mais um pouco. Ela quer ser beijada, mas se deleita em saber que ele a deseja. Ele se delicia ao perceber que está tão próximo de conseguir os lábios dela...

Alguém diria não ter paciência para o cu doce. Que é diabético. Que é charme demais, lengalenga, embromeixion. "Tem que dar um capitão gancho, uma gravata no pescoço e puxar pro beijo", resolveria um Casanova de micareta. "Gente, se quer, beija logo. Pra que tanta firula? Pra que ficar cheio das nove horas?", diria um mais impetuoso.

Entenda que a fogosidade intensa de matinê já era para ter sido controlada, meu caro. E essa impaciência frenética pelo beijo só o prejudica (o beijo e você). É preciso saber apreciar a mise-en-scène da conquista. O prefácio dos lábios.

Você faz ideia da burocracia que foi pra ela estar ali, na sua frente? Ela tomou banho mais cedo para lavar os cabelos e dar tempo de secá-los, tirou metade das roupas do armário, todos os sapatos e encarou diversas vezes o espelho até se decidir. Maquiou-se, perfumou-se e foi... Foi convencer a amiga recém-solteira de que seria uma boa elas se divertirem. Convencida, agora sim, elas foram. As unhas já tinham sido feitas no dia anterior.

Mulheres são complicadas? São, Shrek! Mas é preciso querer entendê-las. Na vida, o contexto é fundamental. Na delas, então, é primordial. Por isso, tente interpretar as elipses femininas. Pense naquela série que você tanto gosta. *Breaking Bad*, *Game of Thrones*, enfim, qualquer uma. A mulher que faz charme, doce, é como o último episódio de uma temporada. Te atrai, te atiça e te deixa intrigado quanto ao desfecho, que óbvio, só virá no próximo episódio. Essas preliminares que o episódio te causa são o que faz você querer mais a série. E algumas mulheres sabem que isso aguça a curiosidade. Sendo assim, a conquista dos lábios são episódios de diálogos longos e interessantes, ao passo que o beijo é o clímax, o desfecho, a ação tão esperada do término da temporada.

... Jorge fita o piercing que Lívia tem no tragus da orelha esquerda. Ele o acha sexy e a elogia. Ela, com um olhar delicado e preciso, qual a mão de um pianista, fita as pupilas dele. Em seguida, ele beija o maxilar de Lívia, próximo do piercing, e, de leve, arrasta os lábios até a bochecha e beija, depois o queixo, de forma a percorrer o caminho da sua cobiça. Enquanto isso, Lívia umedece os lábios à espera dos de Jorge. Os olhos se fecham e, enfim, os lábios se sobrepõem.

Sabem por que Hitchcock é tão cultuado, e com todo mérito? Porque ele tinha total controle sobre o clima de seus filmes e dominava a arte do suspense. Portanto, mulheres, lembrem-se: "Adocica, meu amor, adocica", como cantava Beto Barbosa. Mas não se esqueçam, cozinheiras, qualquer doce não deve passar do ponto, senão desanda. E homens, recordem-se de *Breaking Bad*. Vejam o período da conquista como as duas primeiras temporadas. Elas parecem se arrastar, não nos dão um norte, mas lembrem-se que da terceira temporada em diante, é espetacular. Para aqueles que desconhecem a série relembrem a fala de Jim Carrey em *Todo Poderoso*, "A expectativa aumenta o prazer".

Mulher, não seja o Willy Wonka

Esses dias, ouvi a queixa de um amigo quanto às mulheres. "Tem mulher que não dá pra entender. Ela fala que te quer, que tem vontade de ficar com você e fica fazendo um doce eterno", me contou, nervoso.

Respondi que essa receita de merengue feminino deve fazer parte da mesma cartilha caprichiana que diz "12 dicas para que ele se apaixone em você". Entretanto, sejamos honestos, essa tara com números seguido da palavra "dicas" não se limita às revistas adolescentes, se estende às femininas e masculinas. Farinha do mesmo saco. Revistas do mesmo plástico. Frutos da mesma árvore.

Infelizmente, a cultura machista afeta as mulheres em suas próprias vontades e desejos. Elas abortam atitudes com receio ao julgamento do senso comum. Reprimem seu direito civil temendo o júri popular. Com medo de ser fácil, ela dificulta, se perde, se complica e se estrumbica. Nem todos têm paciência para jogar xadrez com quem demora meia hora para mover uma peça. Todos os dias, pessoas dormem e despertam arrependidas por terem escolhido a omissão e reprimido a ação.

A sedução é a arte de cozinhar o outro. É a culinária do desejo.

Só que, para isso, é preciso ser Tia Nastácia. Muitas mulheres perdem a mão no cozimento. Esquecem de mexer, adoçam ou conversam demais e esquecem de provar. Na gastronomia, não se obtém o sabor desejado sem provar. Assim também ocorre com a sedução: sem experimentar, desanda.

Entretanto, sedução não é comida japonesa para se degustar crua. O ideal é levar o outro a banho-maria. Da frieza a mornidão, do aquecimento ao cozimento. Lembrando sempre de provar quando começar a esquentar. A sedução é o mote da relação. O suspense que precede a sobreposição dos lábios é o segundo ato do clímax.

Há mulheres piromaníacas que ateiam fogo nos homens, sopram para que alastre aos poucos ou rapidamente e se contentam com essa tortura. Mas há também as mulheres Willy Wonka, aquelas que possuem tamanha adoração por doce que se tornam confeiteiras de si. Se adocicam e se exclusificam tanto que tornam-se enjoativas.

Contudo, se você se assemelha com alguma delas, reflita. Quantos bilhetes premiados você perdeu ao deixar de abrir sua fábrica para alguém?

Oásis goiano

Em alguns momentos sequentes ao flerte, me pego de olhos fechados para forçar a memória no intuito de me rebobinar a ela. Ao sorriso que abraça, ao cheiro que fecha os olhos, a voz rouca que inclina o ouvido e aos olhos que sorriem. Nos quase 900 quilômetros de volta, as paisagens, locações e figurantes avançavam pela janela do carro como fotogramas de um filme sem clímax.

Algo parecido, mas diferente, do belo e vanguardista final do filme *Pocahontas*, da *Disney*. Sinto-me como John Smith ao deixar sua índia. Entretanto, o que nos difere é que ele a beijou e foi beijado. Eu, não. Pelo menos não retorno ferido, mas ansioso por conseguir contato com ela a distância. É o que me restou.

Quando se viaja, enquanto a ida é contemplativa, a volta quase sempre é reflexiva. Há reflexões especulativas empregadas pelo se. E se eu tivesse mais um dia? E se eu a tivesse beijado? E se eu não encontrá-la mais? Suposições novelescas.

Não tenho celular, por isso não pedi o número. Tão pouco tenho notebook, o que prorroga ainda mais a busca por seu perfil no *Orkut*. Na viagem de volta, após um dia de agonia, enfim chego em minha casa. Mal coloco as malas para dentro, me dirijo ao computador para procurar por ela. O oásis goiano.

No *Orkut* não há refinamento de busca por cidade. A pesquisa encontra genericamente inúmeras pessoas com o mesmo nome e sobrenome. Percorro várias páginas de resultados de busca. Nada. A não ser rostos avulsos e estranhos. Até que aparece, randomicamente, uma tal de Andréia Freitas, que mora em Goiânia. Clico no perfil, entro nas fotos dela e vejo algumas imagens de uma jovem morena em pelo menos quatro fases diferentes da vida. Literalmente um álbum de fotos, quais aqueles – acolchoados, rosa ou azul, com desenho de infância, ursinhos ou barcos, em que cada papinha, cochilo e momentos marcantes são registrados em fotos reveladas – que as mães guardam para mostram às amigas a evolução dos filhos. O que difere aqui é o formato, digital, online.

Nem mesmo em uma foto – na qual ela deveria ter entre oito e nove anos e que certamente outra criança teria esmagado o sorriso, devido ao cerco de arames proporcionado pelo aparelho fixo – os metais não foram capazes de algemar seu riso. O sorriso acolhedor e as bochechas almofadadas cultivadas há anos confirmam: é ela. Comemoro o êxito qual um menino que retira as grades dos dentes e pode desfrutar alimentos fibrosos, antes restritos.

Decidido, envio uma mensagem a Andréia:

"Oi, tudo bem? Você é a mãe da Marcela, né? Eu conheci ela na formatura de veterinária. Graças a você, encontrei-a. Posso adicioná-la? Beijos".

Algum tempo depois, recebo a resposta, "Oi, André, tudo bem e você? Sou sim. Claro que pode. Beijos".

Em seguida, entro no perfil de Marcela e vou direto às fotos. Vejo algumas de book, em passarelas e ensaios fotográficos. Entretanto, não gosto da quantidade de correções feitas com o *Photoshop*, acho muito artificial, mas é trabalho, fazer o quê. Procuro por fotos mais naturais. Não encontro, mas minha memória a pinta como na noite em que a conheci. Com olhos de outono e sorrisos que escutam. Envio-lhe um scrap. "É você a modelo de vestido branco que conheci na formatura de veterinária em Goiânia, né? Beijos".

Horas depois recebo:

"huashuas

Sou eu mesma!

Tudo bem?

;**"

E a tréplica, acompanhada de sorrisos, vem em seguida:

"huashuashuas

Achou minha mãe antes de me achar!rsrsr

Beijo, te add!"

Inicia-se um diálogo que migra para o *MSN*, onde podemos nos conhecer, descrever e nos ler particularmente. Sinto que conversar com ela é tão bom quanto ficar com frio e ser abraçado por um edredom. Um vínculo é estabelecido.

Lavras, 8 de março de 2010

Voyeurismo narcisista

No universo feminino, nenhum objeto me desperta mais inveja do que o espelho. E me refiro a todas as formas e tamanhos de espelhos. Tanto os de ofício quanto os improvisados. Os espelhos veem as mulheres em enquadramentos cinematográficos, em momentos ímpares e íntimos. Sendo assim, eles têm a capacidade de observá-las em diversos contextos e planos:

Plano detalhe: O inseparável e redondinho espelho que elas carregam na bolsa, ou aquele retangular do quebra-sol do carro, e agora, nessa geração smartphoniana, a própria tela do telefone serve de lume espelhar. Talvez seja por isso que grande parte das mulheres escolhe seus smartphones pelas polegadas. Mas mesmo a tela mais poleguda é capaz de mostrar apenas nuances do rosto. São espelhos pequenos no tamanho, mas que revelam grandes detalhes, como, por exemplo, uma imensa e intransigente espinha no queixo que não será disfarçada nem por um quilo de maquiagem. É deslumbrante observar uma mulher a se olhar em um pequeno espelho. Temos uma visão puzzlelística do rosto dela, qual um quebra-cabeça facial.

Primeiro plano: Geralmente são rápidos e em público. Costuma durar uma espiada no vidro fumê de carros alheios.

Proporcionando uma visão dos ombros até a cabeça, é o ideal para elas verificarem o penteado antes de chegarem descabeladas ao destino;

Plano conjunto: Espelhos comunitários no estilo dos de banheiro de shopping. Além de se olharem, elas observam as outras mulheres das torneiras vizinhas;

Plano geral: É a visão do incontestável espelho de corpo inteiro que mora no quarto dela. Uma mulher frente ao espelho, escolhendo o traje ideal, roda qual uma bailarina de caixinha de música, porém de forma camaleônica. Ela se veste, investe no espelho, reveste e desveste o guarda-roupa, atapetando a cama com blusas, saias, calças e vestidos. Sem contar as sandálias, rasteirinhas, enfim, do salto alto a falta dele. Todos espalhados pelo chão. O resultado é algo parecido com um tornado em um brechó.

O espelho é o melhor amigo da mulher. É seu confidente. O divã verticalizado. Ele a ouve e a observa sem dizer uma palavra, mesmo na presença de xingamentos e esbravejamentos. Ele não a julga, apesar de muitas mulheres relacionarem o autojulgamento a ele. Acreditar que o espelho é o inquisidor dos padrões de beleza cultuados por você e/ou ditados pelo senso comum é lastimável. O espelho apenas admira seus gestos, poses e combinações de roupas que ornam com os brincos, colares e anéis que você dispõe.

Como é belo voyeurizar uma mulher a se arrumar de frente ao espelho. Ela se arcoíriza na escolha da roupa, testa penteados, solto, coque, prende a franja, rabo – aliás, não são apenas vocês que sabem que na maioria das vezes que se usa rabo de cavalo é porque o cabelo está sujo. Portanto, deixe-o solto, ninguém saberá – se descobre em diversas poses, de perfil, de costas, com a mão na cintura.

A maioria dos homens não tem paciência e apenas diz, sem nenhuma expressão, está linda, vamos? Shrek, saiba contemplar o voyeurismo narcisista dela. Afinal, uma mulher busca o espelho assim como o girassol o sol.

Olhos de Medusa

No vaguear de uma multidão é comum que lembremos, mesmo depois de alguns dias, de um decote em uma blusa vermelha do que propriamente do rosto da possuidora. Qual homem nunca tropeçou no meio-fio, topou com alguém e passou do ponto ao se hipnotizar com algum decote?

O olhar masculino é incitado por uma atração vitrínica e gravita sobre a fenda bustoniana.

Li certa vez uma metáfora que dizia: "Peitos são como o sol. Podemos até olhá-los, mas por pouco tempo. A não ser que estejamos de óculos escuros". É inegável a magnetização que imana do decote.

Por descaramento nosso – em não sabermos flertar discretamente os seios alheios e, em seguida, uivarmos palavras e assobios puberdosos –, muitas mulheres se sentem ofendidas, se reprimem e se emburcam. Na adolescência, algumas jovens envergonhadas projetam os ombros e se encurvam no intuito de reduzir o volume do colo. Outras mulheres têm receio de serem julgadas apenas por seus dotes e evitam usar decote.

Mulheres, isso não passa de um auto-machismo ao se privar de uma roupa por se intrigar com o julgamento do outro. Um homem que se limita a defini-la apenas ao decote não merece sequer revê-lo, muito menos conhecê-la.

O decote é o prólogo feminino. É o motivador do suspense concupiscencioso. É a metonímia da mulher. A parte que corresponde ao todo. Porém, assim como tudo que corresponde ao universo feminino, não devemos nos limitar apenas ao que inicia esta crônica. Sendo assim, deslindei os tipos de decote que elas usam:

Decote orbital: É instigante e se restringe à vestimenta das mulheres muçulmanas. Ele torna o fitar delas tão penetrante qual o de um guepardo a espreitar. Assim como os demais tipos de decote, ele atiça nossa curiosidade em desvéuzar o enigmático.

Decote frontal: É o mais visto, lembrado, explorado, valorizado e vulgarizado. Quando usado matreiramente, pode revelar pintinhas contíguas e causar suspiros e arrepios lascivos. Em contrapartida, quando supervalorizado, torna-se tão sedutor quanto o maiô do Borat. Mas também há aquelas que espartilham e estufam os seios, qual barrigueira a arrochar um cavalo. É a cabarerização do decote. Em compensação, de uns tempos pra cá, o decote frontal se reavivou graças ao voluptuoso decote com tule. Aquela telinha, praticamente um cortinado dos seios, nos faz sentir a tentação de um pernilongo limitado a olhar.

Decote gravitacional: O incômodo e ao mesmo tempo slowmotizador tomara que caia é a odisseia dos decotes. A eterna disputa entre gravidade x mulher que é assistida e acompanhada, unanimemente, pelo vidrado público masculino. Paralisamos a espera de uma bochecha do seio que salte rebeldemente.

Decote dorsal: O decote para matar. Proporcionado pelo provocador e assassino vestido de frente única. Eis a personificação da mulher em forma de vestido. Ele nos surpreende e nos fascina, assim como acontece quando as conhecemos. É o responsável por valorizar a beleza dorsal das mulheres e evidenciar as preciosas covinhas ilíacas. Os oásis femininos.

Decote meneável: Revelado durante o menear feminino. É o carpete vermelho, o Oscar dos decotes. É encontrado na maioria das vezes lateralmente, mas também há os frontais. Ele desvela diligentemente as pernas femininas através de uma fenda de luxúria infindável. Vemos da coxa ao pé margeados pelo vestido, é como espiar limitado pelas bordas da fechadura.

Decote podólatra: Emblemado pelo peep toe, é o Cestus do nosso milênio. Pois assim como o cinto de Vênus, esse sapato tem o dom de aumentar os encantos da portadora e torná-la irresistível. Por decotar os pés femininos, ele nos excita ao revelar as falanges ornadas com esmalte (de preferência vermelho).

Independente do presságio da perdição, ou melhor, do decote, o fato é que eles são olhos de Medusa que nos petrificam ao fitá-los.

Namorar a certeza ou solteirar na incerteza?

O pensamento extremista quanto aos relacionamentos e à solteirice que brumeia grande parte das pessoas é devido à imaturidade em compreender as fases da vida. Por aceitação da abstração, por comodismo e confortismo, é que algumas pessoas não questionam e se deleitam com poemas do nível "se namorar fosse bom / isso aqui tava vazio / a mulherada tava em casa / se namorar fosse bom / eu vivia no cinema e não tava na balada" ou com verdades inquestionáveis, como as estampadas em camisas. Game over escrito abaixo do desenho de um casal de noivos. E várias outras do gênero.

Assim como a lua, nós também temos fases. E, independente de solteiro ou namorando, nós passamos pelas quatro fases de nosso satélite: minguante, crescente, nova e cheia (nem sempre nessa sequência). Há a época das cheias e da seca, das vacas magras e gordas, de champagne e sidra. Há semanas em que se pegam três, quatro, cinco pessoas, ao passo que, em determinados meses, nem beijo de cumprimento se ganha. Há fins de semana românticos com vinho, fondue, frio e edredom e dias de silêncio desconfortantes e orgulhos que não nos orgulhamos de sustentar. Tanto a solteirice quanto a namorice são eletrocardiogrâmicos. Nem sempre é oito ou oitenta. Às vezes dezoito, quarenta e sete, sessenta e nove...

Portanto, evitemos a bipolaridade de cantores sertanejos, que ora cantam músicas de pegação, libertinagem e zoeiras sem limites e, em seguida, três minutos depois, acabam com a pinga do Brasil de tanta fossa em uma canção de roer o poste. Não sejamos extremistas quanto aos relacionamentos e à solteirice.

Cada um deles têm seus bônus e ônus. Namorar, apesar das D.Rs, não gera tantos picos de êxtase e abstinência. Namorar é planície, litoral. O que pode se tornar um refúgio para os comodistas. Porém, sendo praieiro, se trata de um terreno arenoso. Portanto, é preciso ir conforme a maré, até porque um momento eufórico e voluptuoso pode levar tudo por água abaixo. Qual aquela onda mais enérgica que alcança e corrói a arquitetura das crianças na praia.

Ao passo que a solteirice é epiléptica, montanhosa, meândrica. Trata-se de uma etapa que agrada aqueles impacientes que têm como filosofia a descartavelização. Quando se sente que a pessoa começa a aporrinhar, se descarta e substitui por outro, assim, naturalmente, qual trocar a pasta de dentes. Ser solteiro é ter a certeza da incerteza.

Onde há um aglomerado de pessoas, há diversidades e semelhanças de sentimentos e intenções. As pessoas saem para os lugares boêmios com a finalidade de: falar de ou encontrar alguém e conhecer ou esquecer outrem. Sendo assim, sempre que estamos em bando sabemos que aqueles indivíduos estão ali por algum desses motivos ou todos eles.

Entenda que a solidão é o mais cruel dos sentimentos e a mais crônica das doenças que uma pessoa possa conviver. Mesmo quem não tem ninguém, busca alguém, nem que seja miojisticamente. (Se você não entendeu, mantenha essa pureza ingênua, é bacana).

Um filme que retrata de forma reflexiva a dualidade entre ser solteiro e ter alguém é *Alfie* (2004). Toda a enganação maquinada por Alfie para engambelar as mulheres resulta em autoengano. É exatamente isso que ocorre com homens e mulheres. O descaso em relação aos outros nada mais é do que um descaso consigo mesmo. É um hábito que perpetua na mentalidade de grande parte das pessoas solteiras. O que me fez lembrar da canção de Mick Jagger, que faz parte da trilha sonora de *Alfie*, a bela *Old habits die hard*. "Velhos hábitos custam a morrer".

Todos buscamos um velho e atualíssimo hábito, a estabilidade, principalmente conosco mesmo. A vida de solteiro não nos proporciona tal equilíbrio, assim como um relacionamento esquizofrênico, mais remendado que brinquedo de criança com araldite. Queremos e procuramos um relacionamento básico feito um banheiro de azulejos brancos, mas que possamos redecorar de tempos em tempos com pastilhas coloridas, torneiras inox, toalhas com cores vibrantes, sais de banho, sabonetes com formatos que desafiam a geometria e o olfato. Enfim, detalhes que façam valorizar e revitalizar aquilo que se tem e é belo.

Feromônio

Não há feromônio mais eficiente do que estar comprometido. É impressionante o quanto as outras pessoas se sentem atraídas por nós quando estamos com alguém. Dá-se início à competição egocêntrica de borogodó. Se somos o forasteiro, paramos, encaramos, escaneamos a pessoa em um plano geral, lentamente, da cabeça aos pés, do peep toe ao rímel, do tênis ao topete. É praticamente um duelo de faroeste, no qual os olhos observam cada movimento das mãos, dos pés e, principalmente, das pupilas. Entretanto, o que difere do western é que não conflitamos olhares com o inimigo, mas com o alvo cobiçado.

É reconfortante e alimentante, egocentricamente, sabermos que somos desejados por aqueles que, comprometidos anelarmente, possam nos anelar. Há quem entre nesse flerte fatal muitas vezes apenas para ver a discórdia alheia. "Alguns homens só querem ver o circo pegar fogo", disse certa vez o sábio Alfred, mordomo e tutor de Bruce Wayne, o *Batman*.

E mais intrigante é quando se está só e o tal interessado acha que você é solteiro. O fato de ser comprometido parece nos emanar uma aura feromônica tão atraente quanto os aromas recendentes das lojas de shopping. Somos fisgados, inconscientemente, pelo olfato. Sentimos que aquela pessoa possui uma atração vitrínica, mas não deslindamos o que. Será a fragrância charmosa de Pep Le Gambá?

Quando se namora, concomitantemente ao relacionamento, inicia a série *The Talking dead*. É impressionante a ressureição de ex-namorados (as) querendo conversar e protagonizar a temporada. Muitas vezes sem saberem, procuram para perguntar como estamos. Ora, se estamos bem não procuramos um ex para saber como ele está. É uma pergunta claramente autorreferente. Quando sabem que estamos com alguém, nos procuram para treplicar. É uma sarna. Uma alergia que achávamos que não tínhamos e que começa a comichar.

Começamos a reparar que a outra pessoa mudou o estilo, o visual, o corte de cabelo, está de barba ou a fez. Aliás, mulher quando corta o cabelo, pode saber, as madeixas são o alvo de sua revolução psicológica. As mulheres começam a mudar a vida pelos cabelos. Seja tingindo ou diminuindo a cabelama. Achamos o outro mais belo e refletimos porque ele não era assim quando era nosso.

Parece ser como no filme *Divã*, baseado na obra homônima de Martha Medeiros, em que a protagonista Mercedes diz à amiga sobre o ex-marido: "Vi ele com outra e estava tão lindo. Parece aquele nosso vestido que sua amiga coloca e fica muito melhor nela". A saudade embeleza as coisas. Pois é, Mercedes, foi embora o boi com a corda e outra pegou.

Expectativa/ Realidade

ELA

Lívia é uma morena tímida, porém de sorriso fácil. Há sete anos, ela namora Carlos. Ele foi seu primeiro e único namorado e homem. Carlos, três anos mais velho, já teve outras mulheres e voltou a tê-las após três anos de relacionamento com Lívia. Ela, óbvio, nunca soube. Algumas amigas dela sempre a alertaram sobre o caráter do rapaz. Ela, apaixonada, pensa que é inveja por ser a única que tem namorado.

Por gostar tanto de Carlos, Lívia acreditava que poderia mudar o jeito irresponsável, imaturo e expansivo do namorado. Em um domingo pela manhã, Lívia recebe uma ligação de sua amiga Carla:

– Ei, amiga! Então, tenho uma coisa pra te contar.

Diz a relutante, porém decidida, amiga.

Pensando ser apenas sobre outro homem que não quis nada com Carla, Lívia espera pela clichezônica confissão/conclusão, "Eu tenho dedo podre". Entretanto, ao ouvir o nome do namorado, ela se concentra na ligação, inclina a cabeça e aperta o celular contra o rosto.

– O Carlos estava com uma mulher ontem. Eu vi!

Rejeitando a fala da amiga e tentando justificar, Lívia argumenta:

– Deve ser alguma amiga ou prima dele.

Carla ironiza:

– Ele tem o costume de beijar na boca primas ou amigas?

Inconformada, nervosa e angustiada, Lívia não crê nas palavras da amiga. Ela prefere se apegar ao "Não pode ser. Comigo não", do que digerir as palavras de Carla. Disposta a convencer Lívia de que está sendo traída e a encorajá-la a terminar o namoro, Carla lhe envia a foto que tirou de Carlos beijando outra mulher.

Ao ver aquela cena, Lívia se culpa, se julga e se odeia lembrando de todas as coisas que quis fazer, mas se absteve para evitar ter discussões com Carlos. Das inúmeras vezes que as amigas a chamaram para uma noite delas, beber, comer, se queixar, fofocar e concluir que a amizade está acima de qualquer parceiro.

Lívia liga pra Carlos e pede que ele vá até sua casa. Ele chega. Ela não o deixa entrar e vai até o carro dele. Ali mesmo, com os vidros abaixados, se inicia a sabatina:

– Onde você estava ontem?

– Em casa? Tem certeza?

– Ah, saiu! Com quem?

– Então estava com seus amigos. Nenhuma mulher?

– E essa aqui? É sua amiga?

Atingido por uma rajada questionatória, Carlos não raciocina na velocidade e naturalidade que gostaria. Nervoso e encurralado, vê a foto dele beijando outra mulher. Tentando justificar o injustificável, o desespero o faz chorar e debruçar sobre o volante do carro. Lívia abre a porta, mas no momento que ela atinge o meio fio com o pé, é segura pelo braço e clamada a esperar.

Após alguns minutos, talvez horas, de choro, alternância de voz e timbre (despertando a curiosidade da vizinhança), recordações de fatos ocorridos há mais de cinco anos, até mesmo aqueles que foram resolvidos à época, Lívia, com 24 anos, desce do carro a refletir sobre sua vida e idade. Joga a aliança sobre o colo de Carlos, bate o portão do prédio e entra. Carlos aos prantos, com ódio de si e dos pneus, ganha as ruas.

ELE

Nelson é um rapaz moreno, extrovertido e apaixonado pela vida descompromissada de solteiro que leva há 23 anos. Cada fim de semana com uma, duas, muitas ou nenhuma mulher. Ele é aquele que diz aos amigos que não irá namorar. Que estar com uma mulher é abrir mão de todas as outras e falácias do gênero. Nelson se sente muito bem com a vida de solteiro, até porque só conhece e vivenciou essa.

Acostumado com a noite e familiarizado com as pessoas que trabalham nela, ele se sente em casa quando está em botecos e boates. Sabe os nomes desde os seguranças às moças que trabalham no caixa.

Em uma dessas noites, em uma boate na qual sempre está, Nelson vê uma mulher diferente daquelas que costumam frequentar e das quais ele conhece quase todas, seja de vista, por amizade ou milimetricamente.

Ele se interessa, vai até ela.

– Lívia. E o seu?

Se conhecem, se beijam. Ela vai embora com as amigas e ele, pela janela do carro da amiga de Lívia, pede o número do Whatsapp dela. Conseguido o número, foi embora com o pensamento cheio de amanhã. Pela manhã, ele manda mensagem para ela, "Bom dia. Passou bem de ontem". Ela, por educação, responde de maneira objetiva e descompromissada.

Ele insiste nas perguntas:

– Onde você mora?

– E hoje? Vamos fazer algo?

Ela em não respondê-las.

(Visto por último hoje às...)

Aflito, Nelson começa a desabafar sobre a indiferença dela, falta de educação, que queria revê-la. Enfim, esperneia até ela bloqueá-lo.

ENTRELINHAS

Todos já fomos Nelson ou Lívia alguma vez ou várias. Fomos por não entendermos e menosprezarmos a história do outro, o contexto no qual ele viveu e, mais que isso, aquele que está vivendo. Lívia namorou por sete anos, agora tudo que ela quer é sair com as amigas, aproveitar, conhecer outros homens, enfim, viver a vida que Nelson sempre teve.

Nelson se interessou e gostou de Lívia, mesmo que no curto período de uma noite, pois ela despertou nele a vontade de continuar ficando com alguém. Com o desprezo dela, Nelson se viu a pensar que valeria investir em Lívia, que namoraria ela. Ele se viu querendo ter a vida que Lívia teve por muito tempo. Mesmo não sabendo que ela tenha namorado tanto tempo.

Portanto, para evitar desapontamentos e mal entendidos como esse, é preciso assuntar a vida do outro. Às vezes, quando estamos flertando com alguém, ficamos apenas na superficialidade de diálogos automáticos. Para que não sejamos enganados e enganarmos o outro é preciso sinceridade para dizer aquilo que buscamos no momento. E, além disso, discernimento para não nos tornarmos, independente de homem ou mulher, o Tom de *500 dias com ela*. Afinal, mesmo Summer deixando claríssimo quais os dentes dela ao dizer a frase mais eficaz da psicologia reversa – "eu não quero nada sério" –, Tom não quis ler as palavras ditadas pela mulher.

Tom sempre sonhou e levou a relação com a ideologia de alinhar sua expectativa à realidade. Mas se esqueceu de que Summer já havia profetizado a respeito deles. Sendo assim, antes de decidirmos embarcar na vida de alguém, é preciso saber se ela pretende zarpar ao alto mar ou apenas ficar ancorada ao porto.

Aquela Pessoa

Em nossas vidas, centenas de pessoas transitam na fugacidade e futilidade de transeuntes em um shopping. Entretanto, entre tantos outros, há aquela que se desmiopia da multidão. Aquela pessoa que quando não a conhecemos, e muito menos temos intimidade, nos faz minar água pelas mãos, nos turva o vocabulário e que, apesar da nossa quietude de admiração infantil, nos inquieta internamente, qual criança hiperativa de castigo.

Quando começamos a conhecê-la, nos tornamos inertes e inaptos a esboçar um diálogo. Passada a epopeia de auto-vigília, iniciamos a navegação nos meandros daquela pessoa. Quanto mais adentro desbravamos detalhes (aquela pintinha próxima ao dedo mindinho do pé), cacoetes (o levantar da sobrancelha diante de algo surpreendente) e atitudes (um beijo de frase inacabada), mais nos encantamos.

Após todo esse processo de gestação da relação, ela, enfim, nasce. É preciso que nos dediquemos integralmente aos primeiros meses, qual um recém-nascido. Pajeamos, falamos silabicamente e em tom infantilizado. Em seguida, a meninice que já amalgama com a puberdade, é quando demonstramos posicionamento diante das atitudes e escolhas do outro. Nessa fase, da adolescência do relacionamento, iniciam-se as discussões, confrontos. É quando nos rebelamos contra os comportamentos do outro e aprendemos que, às vezes, é melhor cada um para o seu canto.

E é exatamente nessa fase confusa e turbulenta que muitos relacionamentos, erroneamente, terminam. Quando fundamentados na pífia ideologia da descartavelização, resolvemos que é melhor substituir a reparar.

Apesar da mulher ser o ponto final na gramática da relação, há casos em que o ponto se interrogaçãozeia. Mas isso não perturba apenas elas, nós, homens, também somos surpreendidos pela dúvida daquilo que parecia ser fato consumado. Após algum período, relembramos, assuntamos e refletimos o que foi e o que é. Como estamos e como está o outro? Fiz o certo?

Escolher é correr riscos, seja de fracassar, arrepender ou vingar. Esse tempo que ficamos separados nos serviu para que? Conhecemos outras pessoas, nos relacionamos com elas, mas e aí? Temos momentos de vontade, porém sem intensidade. É aquele desejo de rodízio que pós saciado nos arrependemos. Foi apenas amarrotar lençóis. O período que ficamos longe do outro serve para aguçarmos o espírito crítico ante os outros.

É como canta a banda Vanguart na bela "Eu sei onde você está":

"Ver que o tempo é necessário e que o amor é como o sol/ que um dia fecha as portas e noutro dia abre igual / que a gente possa ver o que não viu até então"

Bem que tentamos prestidigitar aquela pessoa. Entretanto, uma pessoa não é um coelho que podemos enfiar em uma cartola e… se foi. Na profissão de amante, é preciso que sejamos luthiers. Precisamos dedicar, empenhar, artesanar o relacionamento com paciência idosa. Até porque, lembremos da célebre frase, "Roma não se fez em um dia".

Imaturidade amorosa

Queixa que já ouvi de muitas pessoas: homens e mulheres, namorados e namoradas, casados e casadas, é sobre a liberdade que eles acham que têm e não se dão na relação. Já ouvi sobre um determinado casal de primos, ele piloto, ela advogada, e os subterfúgios maquinados pela mulher para evitar a traição do cônjuge.

Devido ao trabalho peregrino e hoteleiro, ela liga, sempre que ele está fora, todas as noites para o quarto do marido no hotel e ficam ao telefone para que garanta, o que ela acredita ser, a integridade da relação. É como aquela vigília debutante de alguns relacionamentos de até pouco tempo, ou não, no qual um dos enamorados tinha que ligar a televisão para provar que estava em casa.

Hoje alguns chegaram ao cúmulo de enviar a localização via *Whatsapp* para que o outro os rastreie. A vocês que sobrevivem dessa maneira, parabéns, fico feliz com o bom comportamento nesse regime semiaberto. Quem está convicto do adultério sabe da crendice que perdura sobre ele. Ou você crê que toda traição acontece sexta e/ou sábado à noite?

É de uma folclorização imaginar que a traição ocorra à meia luz, entre taças de sauvignon e sobre argênteo luar. Traição não é lobisomem. Não tem horário e nem fase da lua. Traição é ventejar de esquina. É inesperada. Porém, é combinada. Matutada.

Quem quer trair o faz no café da manhã, no horário de almoço com um(a) primo(a), com a(o) atendente do pet shop. Você sequer saberá. Ter um relacionamento não é andar a cavalo. A rédea curta só serve para represar e acumular a volúpia e a angústia. No entanto, em um descuido, de frouxar o punho, descamba tudo.

Chegamos em um momento na escala evolutiva amorosa no qual não estamos casados por obrigação ou acordo dos pais. Só enlaça ou namora quem quer. Sendo uma escolha, que usufruamos com convicção dos ônus e bônus. Que sejamos sinceros e honestos com os outros quando quisermos estabelecer uma relação. Se desejamos ter polirrelacionamento, que haja franqueza para esclarecer ao outro, pois ele pode estar à procura de relacionamento. É preferível que digamos a arrebatadora frase da psicologia reversa amorosa, "não apaixona em mim. Não quero namorar!" E dê o efeito que sempre dá, do que o outro acreditar que foi trocado de segunda pra terça.

Relacionamento: "É a capacidade de conviver bem com seus semelhantes", define o prático Houaiss. "Mas num tem praticidade nenhuma", diria alguém afobado. Quem ornitorringa os relacionamentos são as pessoas. Temos o dom de tornar os relacionamentos cubos mágicos. E, portanto, até construirmos as cores que descontruímos, é preciso muita dedicação. Confiança e complacência são os sustentáculos de um relacionamento. Apesar disso, a maioria das pessoas vive fundamentada na barganha. Se você sair com seus amigos, vou sair com minhas amigas. Belo exemplo de casal Tom e Jerry!

A desconfiança alcançou patamares tão surreais que soube de um casal que faz suingue, mas não se permitem saírem sem a presença do outro. Ou seja, a confiança é fronteiriça ao olhar.

Todos nós precisamos de momentos-solo e com nossos amigos. Necessitamos de boteco ou salão. Conviver com o outro não é deixar de viver. Precisamos falar, relembrar bravatas, desabafar assuntos que vão da toalha molhada que ele deixa sobre a cama ao aperto financeiro causado por um investimento precipitado. Amigos são confessionários que carecemos na vida. Com eles reclamamos, ouvimos, aconselhamos, bebemos e concluímos que daremos um jeito na nossa vida (mesmo que isso não aconteça).

Não vou dizer que você não se garanta, mas se não há confiança no outro, evite assumir um relacionamento que te fará inseguro, despertará calafrios e azia. Não adianta mergulhar em um relacionamento de olhos e ouvidos fechados, qual um ornitorrinco atrás de alimento. Há quem prefira concordar com determinados limites impostos pelo parceiro do que discutir. Entretanto, em algum momento, essa imaturidade incomodará e torço para que mudem, pois como disse certa vez o jornalista francês Georges Clemenceau, "O homem absurdo é aquele que nunca muda".

E se você, homem, que acha que ser bronco é a fórmula, "sabe de nada, inocente!" Abaixa a pedra do moinho. Não adianta ser machão e metido a matador no estilo Frederico Evandro de *Lisbela e o Prisioneiro.* Não sei se lembra ou sabe, mas ele levou gaia do mesmo jeito.

Há um provérbio rural que diz: "Fogo de morro acima e água de morro abaixo nada cerca". Sendo assim, complemento o rifão com outra situação irrefreável. "Fogo de morro acima, água de morro abaixo e quem quer trair, ninguém segura".

A extinção do footing

Desenterrado e sugerido por um amigo, eis que o *footing* não é tão obsoleto assim. Pesquisando sobre a palavra, que no Brasil significou um comportamento dos brotos, percebi que outras gerações pós-brilhantina, da Minâncora até a Tamagotchi, assim como a minha, presenciaram, com alterações, o velho hábito da paquera andante, de ver e ser visto.

Me recordo das saídas de minha irmã, sete anos mais velha, que ia à praça, nas noites de sábado, com as amigas. Não havia celular, computador e o telefone, além de ser quase mobília da casa, era algo que, na nossa juventude, gerava o risco de se ouvir a voz do pai, da mãe e, na melhor das hipóteses, do irmão ou da irmã da(o) prometida(o). Afinal, o número era familiar e não individualizado como o é hoje.

Sendo assim, a maneira que se encontrava para encontrar alguém, mesmo que combinado, era andar. Na cidade em que me criei, Lavras, as moças circuitavam a praça Augusto Silva, mais conhecida como jardim, em um desfile natural e habitual. Os rapazes, sentados em bancos ou de pé, acompanhavam o ir e vir feminino. Na maioria das vezes, aquele menear coletivo feminino resultava apenas em flertes e, assim como um espetáculo, encerrava a sessão às 22 horas.

Alguns pais iam à praça para buscar suas filhas. Porém, as jovens, com a empáfia púbere, que já afetou a todos nessa idade, a fim de evitar o mico de serem vistas escoltadas pelo pai, regressavam sozinhas, ou não, no ir e vir do cuco. E era exatamente no subir dos créditos, no fechar das cortinas, no percurso de volta, no pescoçar do cuco, que mãos e pernas tornavam-se cúmplices, muitas vezes acompanhadas de silêncio, olhares de rabo de olho e risos de cantoneira de boca.

O *footing* era o enredo. O portão dela o clímax. Da esquina à campainha era um suspense hitchcockiano, pois, além da incerteza e insegurança do beijo, havia a possibilidade de derrocada proporcionada pelo pai dela à espreita, qual namoradeira em janela.

Na minha geração, o *footing* ocorria em duas situações: no sagrado e no profano. Lembro-me de alguns amigos que se alvoroçavam para ir à missa, mas não para provar o sabor chuchuzado da hóstia. O objetivo era o pós-missa. A praça, vulgo jardim, apinhada de pessoas a borboletear, era o êxtase adolescente. Com a shoppingnização da sociedade, o ritual migrou para os corredores de lojas e restaurantes. Na praça de alimentação e em seu entorno, era possível ver o vaguear, qual gado em leilão, da puberdade ouriçada e tímida por um flerte.

Até mesmo nas escolas havia o *footing* do recreio. Os garotos escorados nas paredes dos corredores, ao redor da cantina, parados no pátio, observavam, flertavam e paqueravam as garotas que preferiam saracotear a merendar.

O *footing* zarpou ao som da buzina de navio do *ICQ*. A instantaneação não afetou apenas a comunicação, mas a relação entre as pessoas. Alguns homens perderam o instinto perdigueiro que há neles. Deixaram de farejar e investir em mulheres desconhecidas. Ao passo que alguns adicionam mulheres desconhecidas em redes sociais sem, ao menos, tê-la fitado. O que antes demorava e expectativizava dias para dar prosseguimento ao diálogo, evoluiu (?), imediatizou em um dançar de dedos.

Atualmente, mal o outro nos deu as costas e já está nos respondendo por mensagem. O melífluo tête-à-tête foi substituído pelo absorto tela-a-tela. A conquista, que era a prestações, hoje se tornou à vista. Antes tínhamos relacionamentos novelescos, hoje temos fugazes comerciais.

Tatuagens naturais

Quando criança, possuía uma ardência de viver que não existia em meus irmãos. Minha irmã tinha uma tranquilidade de Buda, enquanto meu irmão, na companhia de brinquedos, passava horas sozinho em seu congestionamento de carros. Após minha chegada, ele se queixou a minha mãe sobre a organização dos brinquedos "Depois que esse bebê nasceu, meus brinquedos 'tão tudo jogado', fora do lugar".

Meu vô diz que eu era um corisco, que relampejava pelos cômodos, pelo terreiro, pelas ruas, pela estrada que liga a fazenda dele à do meu pai, enfim, era fogo de morro acima. Nada cercava. Minha vó, observadora, crítica e com senso de humor invejável, percebendo minha saltitância, me apelidou de tico-tico. Passarinho saliente que, quando pousa, se locomove aos pulos, sobretudo se o terreiro estiver quente.

Entretanto, antes essa impetuosidade desgovernada tivesse me rendido apenas apelidos. Minha primeira cicatriz marcante, que redundância, não recordo a minha idade, mas me lembro da maneira como a consegui. Na fazenda do meu avô tem um muro com um portão que limita a entrada dos cachorros para o alpendre. Vendo meu primo, dez anos mais velho, andando sobre o muro, quis fazer igual. Subi e andei, tudo tranquilo. Para descer, ele pulou. Por que eu não pularia? Pulei. Ele sustentou o peso do próprio corpo com as pernas. Eu também, só que inovei, utilizei a testa. A 20 quilômetros da cidade, o desespero da minha mãe só não foi maior porque meu tio que é médico estava presente. Me levaram para o hospital e ele mesmo confeccionou os pontos.

Nas décadas de 1980 e 1990, era moda as casas terem piso de ardósia. Meu tio construiu a dele no condomínio Jardim das Palmeiras, que na época era o único da cidade de Lavras, por isso chamávamos apenas de condomínio. De dois andares, garagem espaçosa onde podíamos jogar futebol, piscina, churrasqueira e com uma grande área externa revestida em ardósia, era praticamente um clube para mim e meus primos. Aos finais de semana, íamos para lá cedo e nossos pais só nos buscavam ao anoitecer. Certa noite, chovia e meu pai me aguardava no carro. Para não me molhar e gripar, corri com a ardência que tinha para entrar no carro. Derrapei e estacionei na ardósia. Sofri um tombo de deixar qualquer um de queixo caído.

Em determinada época da minha infância, eu convulsionava quando tinha febre alta. Certa vez, minha mãe encontrou minha irmã deitada na cama, tremendo e virando os olhos. E perguntou "O que é isso, Ivy?". "Estou tentando ter aquilo que o André tem" respondeu, sem parar de tremelicar.

Por causa dessas crises convulsivas, eu vinha para Belo Horizonte uma vez ao ano para consultar. Ficávamos no apartamento da minha tia, cuja porta principal era de madeira bastante escandalosa, sempre acusava quando alguém a abria. Eu, que fui criado praticamente como bicho solto, quando vinha para cá me sentia preso. Me libertava, por algum tempo, encher balões com água e atirar nos ônibus que paravam sob a sacada do apartamento. Imagine o que era me prender dentro de um apartamento. Mais ou menos como a casa da família Newton invadida por filhos de são-bernardo no filme *Beethoven*.

Para me entreter e dar sossego aos meus tios e pais, minha tia pegou os brinquedos do meu primo no armário do quarto dele e os derramou ao chão. Porém, meu primo, além de não gostar de mim, por eu ser afilhado da mãe dele, tinha ciúmes dos brinquedos. Como ele estava na casa de um amigo e demoraria, nem liguei, apenas brinquei.

De repente, ouço o ranger da porta se abrindo e a voz dele. Imediatamente, me escondi debaixo da cama abraçado com um carrinho. Não sei se foi o mar colorido de brinquedos pelo chão do quarto ou a ausência do carrinho. O que sei é que um skate, chutado por ele, me tirou de baixo da cama aos berros e com a testa sangrando.

Aos 10, 11 anos, meu sonho e do meu primo Lucas era termos uma casinha na árvore. Porém, ela não poderia ser feita por ninguém além de nós. Gostávamos de arrastar tábuas pela fazenda do meu vô e tentar pregá-las e estruturá-las em alguma árvore. Foram anos de frustração. Até que, mais ou menos aos 13 anos, tivemos sucesso em pregar um estrado de madeiras em um eucalipto em forma de estilingue. Mal sabíamos a arma que estávamos construindo. Para finalizar a primeira etapa, fixamos duas tábuas laterais por segurança e resolvi escorar em uma delas para descansar. Só que meu primo esqueceu de pregar um dos lados da tábua e ela se abriu como uma tramela para minha queda. Despenquei de cinco metros de altura e sobre uma cerca de arame farpado. Só lembro de contorcer no ar como um barbante e ter apenas um sovaco cortado pela farpa do arame. Cuidei do talho às escondidas e não foi preciso dar ponto (acho que minha mãe até hoje não sabia disso).

(Alguns anos depois, mas nem tantos assim)

Meu irmão e eu ganhamos de Natal um Super Nintendo. Acostumados a improvisar brinquedos, demos mais atenção a uma das caixas que vieram no videogame. Pegamos aquele cubo de papelão, amarramos uma linha de náilon, passamos ela sobre a estrutura do portão da garagem e a brincadeira era tentar pegar a caixa enquanto o outro puxava a linha impedindo. Minutos antes, a empregada havia lavado a garagem e os azulejos estavam ainda molhados. Irritado com a risada do meu irmão que me desafiava, fiquei olhando para ele e, de rompante, corri em direção a caixa para pegá-la.

Escorreguei na poça d'água e caí em cima do trilho que guia o portão sanfonado. Eu achava que o pior tinha passado com a dor e o sangue escorreu sobre o olho esquerdo. Mas foi no hospital que me impressionei ao assistir, de olhos abertos, o fio de sutura e a agulha costurar minha sobrancelha. Mas, nada é tão ruim que não possa piorar, sete dias após ser costurado, era o momento de retirar os pontos. Na minha cabeça, a enfermeira não saberia diferenciar o fio de sutura dos meus e me deixaria careca de sobrancelha tentando tirar os pontos. Porém, ela me tranquilizou "Não enxergo direito. Então você tem que ficar quietinho para eu não errar". Nem respirei.

Na adolescência, eu e uns amigos criamos um pique e pega que acontecia apenas na casa de um deles, pois era limitado ao redor da piscina e na água. Dos azulejos que compõem o piso da piscina, faltava um. De cima, era possível ver uma mancha escura quadriculada de branco. Na cola de um fugitivo, pulei na água para alcançá-lo e caí justamente no buraco negro. Senti um ardido e sai da piscina. Mal pisei no chão e meu dedão já estava molhado de sangue. Corri até o banheiro para tomar banho e lavar com água e sabão. Sentado, entre o ralo do chuveiro e o do chão, fiquei a observar a água caindo sobre meu dedo cortado qual uma tampa de laranja. Curioso, destampei para olhar e vi algo branco meio aquela pequena piscina vermelha. Resolvi ligar para o meu pai. Já premeditando o óbvio perguntou, "O que foi dessa vez?". "Cortei o pé", com medo do xingamento, minimizei "Acho que precisa dar ponto". Meu achismo resultou em sete pontos no dedão.

Em 2005, descobri o quanto uma mãe é profética, na época dizíamos praga de mãe. Ao sair de casa para jogar futebol de salão, ouvi "Não vai. Vai chover!". Respondi que era treino e que em uma semana disputaria o campeonato estudantil. Se chovesse, eu voltaria. "Tá, mas vai chover" afirmou a cartomante, digo, minha mãe.

Fui. Pisei na quadra, rolaram a bola pra mim, dominei. Olhei para o goleiro e cho...veu. Indignado, voltei trotando para casa. Ao descer um morro íngreme de paralelepípedo, escorreguei e pranchei ao chão qual um carrinho de rolimã. Parei, levantei e limpei os ralados ardidos do cotovelo e do joelho. Porém, ao passar a mão no joelho, vi que uma boca esbranquiçada me olhava. Com medo de um osso sair como uma língua daqueles beiços, sacizei por cinco quarteirões até a casa de um amigo para telefonar a minha mãe. Ela me buscou e, sem olhar para meu joelho, me levou para mais oito pontos. Uma semana depois, exatamente no dia que tirei os pontos, iniciou o campeonato.

Óbvio que fui jogar, até porque nos dias anteriores eu fui goleiro do time de handebol. Time escalado, aquecido e começa o jogo. Roubei a bola de um adversário e girei para o ataque. Quando ele se virou para me marcar, me acertou uma cotovelada no supercílio esquerdo. Parei com o impacto. Olhei para meu amigo, o que me emprestou o telefone para ligar pra minha mãe, e ele disse, "Nooo. Tá sangrando". Pela primeira vez enxerguei pelo ponto de vista de um pirata. O sangue me tapou a visão do olho esquerdo e saí da quadra para o vestiário. Depois de vermelhar o lavatório que era branco e acabar com os papéis toalhas, fui para a arquibancada. Curiosos diziam "Vai ter que dá ponto". Eu, com ódio, respondi "Não vou dá ponto bosta nenhuma. Acabei de tirar oito pontos do joelho. Não volto no hospital hoje nem amarrado".

Com o fim da partida, nem me lembro do resultado, o professor de educação física me levou até em casa. Quando chegamos, agradeci a carona e toquei a campainha. Meu pai abriu a porta e perguntou o que aconteceu. "Nada", respondi, tapando o supercílio com o dedo. "Você saiu a pé e voltou de carona. O que que tem aí na sua testa?", questionou já prevendo o previsível. Mostrei o corte no supercílio e ele decretou "A partir de hoje você não sai mais de casa sem a carteirinha da Unimed. Você vai machucar, vai pro hospital, dá ponto e me liga só para te buscar. Não vou levar mais ninguém no hospital".

Quando vejo minhas cicatrizes, recordo de quase todas as histórias por trás delas e do quanto meus pais penaram comigo. Além disso, adquiri um gosto exótico. Não posso ver uma cicatriz em alguém que quero saber o que aconteceu. Regozijo com as histórias. Acredito que pessoas com cicatrizes tiveram uma infância interessante, promissora. Hoje percebo que as cicatrizes são fotos da infância que foram coladas no álbum do corpo.

Merthiolatização da sociedade

Vivemos em uma sociedade solucionista e imediatista, que preza pelo prazer. Sendo assim, ela abomina o sofrimento. Entretanto, o sofrimento está intrínseco à vida e precisamos aceitá-lo. Até porque, só entendemos o que é a felicidade por ela, assim como a tristeza, não ser constante, mas episódica. Só sabemos que há alívio e sanidade por causa da dor e da doença.

Algum nível de sofrimento tem que ser tolerado, suportado e vivenciado. Quem, na época do excomungado *Merthiolate*, ou melhor, merthioarde, não pensava duas, três vezes antes de se amorcegar em árvores, escalar barrancos, equilibrar em muros, soltar o carrinho de rolimã na banguela por saber que o inferno líquido o aguardava?

No meu caso, era a onipresente arnica que aterrorizava. Antigamente, o *Merthiolate* e o mercúrio, que enlaranjava as canelas e joelhos infantis, eram broncas maternas envasadas. As mães nos "passavam sabão". Nos reprimiam com sermões e o corretivo de estripulias, tanto que a embalagem e o modo de passar são similares ao, naquela época, *Liquid Paper*.

As lágrimas infantis e os sopros maternos se extinguiram juntamente com a ardência da advertência líquida, no final dos anos 1990. De lá pra cá, com o exposicionismo informativo que nos bombardeiam por meio de estudos científicos – dizendo que determinado alimento ou hábito prejudica ou favorece o funcionamento do organismo e a aparição de câncer – aumentou o interesse da população por assuntos médicos. O que reverberou e resultou em automedicação e na introjeção de bulas e efeitos colaterais nos lares por meio das farmacinhas domésticas. Com medo das infindáveis doenças, que são descobertas a cada dia, nos tornamos apavorados pelo terrorismo médico.

Em relação aos estudos científicos, é preciso discernimento para saber o que são suposições e afirmações. Porém, o maior agravante é que o senso comum não tem consciência de que a verdade científica quase sempre é passageira. Em um *Globo Repórter*, o tomate é vilão e em outro, pouco tempo depois, é herói. Os estudos científicos galopam em uma intensidade que tornam os livros médicos, até mesmo alguns recém-lançados, arcaicos.

O acesso a inúmeras informações descontextualizadas acarreta em desinformação. Há mães que, ao perceber uma nanodiferença no pestanejar do filho, já considera sintoma para levá-lo ao pronto socorro. Esse excesso de zelo só prejudica a todos. Afinal, uma mãe desinformada, possivelmente, se torna neurada ao ponto de pensar que sua cria possa morrer pela mudança da coloração da remela. Com isso, aumentam as filas nos hospitais, sobrecarregam os médicos (pois as leoas querem curar seus filhotes o mais instantaneamente possível) e estressam não só os pais, por terem de esperar horas pelo atendimento, mas também aos funcionários do pronto socorro que ouvem insistentes e impacientes pedidos de urgência e até ameaças.

Diante de tamanha pressão, alguns médicos, por inexperiência em lidar com a situação e/ou temendo o enfrentamento com os pacientes e processos por má prática, reagem à demanda receitando remédios e efetuando vários pedidos de exames. O que geralmente resulta na falta de medicamentos básicos para a população. Enquanto os exames só encarecem o sistema de saúde.

Em entrevista a uma revista semanal, em 2002, (entretanto o assunto permanece vigente) o cardiologista Luiz Roberto Londres criticou o protagonismo dos aparelhos tecnológicos na medicina e a coadjuvantização dos médicos. "Os médicos perderam o contato com os pacientes, não os ouvem como deveriam. O quadro tende a piorar porque os novos candidatos a médicos têm características cada vez mais técnicas e menos humanitárias. Um médico de verdade tem de entrar na complexidade psicológica e biológica de seu paciente. E isso não se faz somente com aparelhos. Eu não repudio os avanços técnicos. Não sou louco. Mas constato que a medicina saiu fora de seu eixo principal, a consulta, para se basear em exames complementares. Quando uma consulta é bem-feita, o diagnóstico correto é atingido em cerca de 90% dos casos. Há uma frase atribuída a Maimônides, médico espanhol do século XII, que diz: 'Uma consulta deve durar uma hora. Por cinquenta minutos, ausculte a alma do paciente. Nos outros dez, faça de conta que o examina'. Um certo exagero, é verdade, mas ela serve para mostrar a importância da dimensão humana. Atribuir a aparelhos a arte da clínica é o mesmo que atribuir a arte de Picasso à marca de seus pincéis", pondera Londres.

Estamos extinguindo a anamnese. Palavra-prima do léxico médico. Fomos condicionados a uma mentalidade de que o sofrimento é falha biológica e esquecemos que existe todo um contexto que o envolve. Há pessoas que chegam ao cúmulo de querer tratar a ausência de um ente querido com medicamentos.

Em entrevista ao Dr. Dráuzio Varella, Dr. Daniele Riva, neurologista do Hospital Sírio Libanês, explica sobre a biologização da atividade mental. De acordo com Riva "estamos perdendo a capacidade de reflexão psicológica e tratando tudo com remédio. A população foi convencida de que tudo é químico, especialmente aquilo que é desagradável".

O medo de morrer nos impede de viver. Com receio de adoecer, evitamos deleites como doce de leite. Conseguimos a façanha de recusar picanha. Grande parte dos médicos adota uma ideologia confortista para eles e extremista para os pacientes. Quanto a isso, ainda naquela entrevista mencionada com Luiz Roberto Londres, ele explana, "No passado, os médicos eram mais humanos e valorizavam mais a alegria de viver como fator de manutenção da saúde. Veja o caso dos franceses: eles almoçam sentados, passam horas num café e ainda por cima fumam. Mas sofrem menos de problemas cardíacos e são mais longevos do que os americanos. Na minha opinião, uma pessoa que se dispõe a viver bem tem muito mais chance de ter boa saúde do que aquela constantemente preocupada em evitar doenças".

Nossa sociedade considera o sofrimento, a dor, a tristeza, inadequados. Ideologicamente, nós merthiolatezamos.

Os Smartphones nos tamagotchizaram

Em 1996, surgiu um bicho chamado *Tamagotchi*. Esse animal de estimação virtual necessitava de cuidados: carinho, alimentação, repouso, enfim, mimos para não se tornar uma lápide. Hoje, quase vinte anos depois, a maioria das pessoas possui seus Tamagotchis. Porém, assim como um *Digimon*, ele evoluiu e se chama smartphone. No dia a dia, é fácil lidar com a existência desse bicho, e os cuidados necessários a ele, assim como qualquer animal de estimação. Entretanto, o desmantelo se encontra quando se viaja. Seja peixe, cachorro, gato, tartaruga, iguana, enfim, qualquer espécie, os donos se planejam, se desdobram, ligam para parentes, emprestam chaves aos vizinhos e até hospedam o bichano em algum hotel animal se necessário.

Agora, quando se trata de nosso smartphone, a dependência é diferente. Não são eles que dependem de nós, mas nós que dependemos deles. Nos tornamos sabujos de um smartphone. Ao viajar no final da semana passada, percebi em cada parada que o ônibus fazia, em intervalos de tempo entre três e quatro horas, pessoas a farejar rodapés atrás de tomadas para alimentar seus smartphones. Quando se encontrava alguma, outro ou outros já haviam abocanhado e estavam ocupando a moita e, portanto, não abandonariam tão cedo. Tomadas expeliam fios que se entrecruzavam, qual namoro de cobra.

Em rodoviárias o desespero é ainda maior. Na de Belo Horizonte, construída na década de 1970, e que não sofreu nenhuma obra para a Copa – se tal, apenas tapamento de goteiras – encontrar tomadas exige olhos de Argos. Já na estação rodoviária de Curitiba, também construída na mesma década da capital mineira – mas que se revigorou com obras iniciadas em 2012 para a Copa – a busca foi menor. Ao escarafunchar rodapés e paredes, percebi que a tomada do bebedouro estava desligada. Ali acampei, por um bom tempo, precisamente 50% da bateria. Nesse período, um senhor passou por mim e questionou, "Está dando uma carga no bichinho?". Concordei, sorrindo.

Tendo oferecido uma sobrevida para o meu tamagotchi, adentrei as catracas envidraçadas e eletrônicas que limitam o acesso à área de embarque dos passageiros. Com ares de inovação e segurança é inegável que a tecnologia foi utilizada para barrar alguns índios, que, antes do sistema, pernoitavam e faziam do local uma espécie de oca. Atualmente, a tribo deles se localiza em um lote próximo ao terminal paranaense.

Nesse ambiente de espera dos passageiros, envasilhado por vidraças, é possível encontrar em pilastras alternadas algumas tomadas com três pontos. Agora, entre achar uma tomada e ela estar desocupada, a proporção é hercúlea. Com carga suficiente de bateria, não me preocupei em ocupar uma tomada para que outro mais necessitado a utilizasse. Fiquei a observar quantas pessoas rondavam o alfabeto das plataformas em busca de alimento para seu bichinho de estimação virtual. Várias. É notável que temos um problema de "etiqueta". De falha no planejamento elétrico dos espaços públicos. Em uma comparação com o mesmo período do ano passado, a Associação Brasileira da Indústria Elétrica e Eletrônica (Abinee) relatou que as vendas dos smartphones em 2014, até o mês de agosto, representam 70,5% dos 34,388 milhões de aparelhos vendidos no mercado brasileiro. Ou seja, é muita boca para pouco pão. Portanto, recomendo que quando for viajar, geminado ao carregador, leve um T.

Contudo, o problema mais grave se encontra durante o itinerário, no meu caso em uma viagem de ônibus (Aliás, os engenheiros mecânicos precisam adaptar seus projetos de transporte coletivo, principalmente os interestaduais e internacionais, visando essa necessidade da sociedade contemporânea). Nessa situação, nos encontramos naufragados em uma ilha, óbvio, sem tomadas. Com isso, várias estratégias são traçadas para a sobrevivência do nosso neo-tamagotchi: diminuir o brilho da tela, desativar a internet, desligar a atividade de alguns aplicativos e até mesmo desligar o aparelho e ligar alguns minutos depois (E nem adianta querer mendigar o acendedor de cigarro para o motorista, pois estará ocupado alimentando o dele). Os smartphones tamagotchizaram nossas vidas.

Menos ansiedade, por favor

Há tempos penso em escrever sobre a influência das plataformas de mensagens instantâneas no relacionamento das pessoas. Ontem, uma notícia sobre uma nova atualização do *Whatsapp* preocupou algumas pessoas, pois agora os dois risquinhos ficam azuis quando a mensagem é lida. Devido a essa smarthphonização em que vivemos, no qual o celular é praticamente uma extensão do braço e um complemento dos olhos, temos a falsa impressão que todos estão a nossa disposição a qualquer momento. Acreditamos que os outros são plantonistas virtuais. E isso tem aumentado a ansiedade da sociedade.

No dicionário de nossa rotina, a palavra esperar foi olvidada (exemplo disso é a quantidade de pessoas que só se interessam por uma série quando ela termina ou uma temporada, para poder assistir a todos os episódios em uma sentada sem ter que esperar). Entretanto, o medo, a dúvida e a expectativa substituíram a espera. O que antes era praticamente um pôquer gramatical se tornou pingue pongue. Formulamos perguntas e diálogos como um roteiro do programa *Provocações*. Perguntas aflitivas. Respostas furtivas. Um eterno pinga fogo. Não há mais desenvolvimento, só clímax. Entretanto, de má qualidade, porque o bom clímax é construído e não pré-fabricado.

A ansiedade nos prepara para enfrentar o desafio, seja uma entrevista de emprego, o primeiro encontro com alguém, a apresentação de uma tese, enfim, situações duvidosas para as quais ansiamos um desfecho favorável. Agora, se agoniar com a espera sem respeitar o tempo do outro é doentio. Esse desejo veemente e impaciente tem proporcionado discussões fúteis e preocupações inúteis.

Em um mundo de profusão, falta razão. Em meio ao enxameamento de tuítes, falta a interpretação de um parágrafo. Nos falta tranquilidade. Ao passo que o receio sai pelo ladrão.

A extinção da ligação nos trouxe esse hiato. Buscamos suprir a fala do outro na escrita dele. A fala é conclusiva por natureza, a escrita é construtiva. Exemplo, muitos têm preguiça de ouvir no *Whatsapp* um áudio que tenha mais de um minuto. Em contrapartida, lemos cinco balões de conversa cada um com oito linhas cada. Contudo, preferimos falar a digitar. Queremos falar, mas não ouvir. Esse é o contrassenso desde as priscas eras do papiro. Além disso, nos esquecemos que esse dinamismo das mensagens, não é exclusivista, todos usufruímos dele. A outra pessoa também tem grupos de amigos, familiares, de trabalho, enfim, núcleos da sua convivência. Não queira monarquizar o bate papo, ele é democrático.

Acabo de descobri que agora, além do risquinho ficar azul, é possível ver o horário exato de quando a mensagem foi entregue e quando foi lida. (Basta clicar na mensagem, quando selecionada, na barra superior aparece um i circulado. Só clicar lá e se flagelar) Entendam uma coisa, somos curiosos para saber a resposta e, em alguns momentos, charmosos para criar um suspense na réplica. E, o que acontece na maioria das vezes, é que a resposta não vem por descaso (pode ser, conviva com isso) e nem pela formulação do que digitar, mas simplesmente por ocupação. Afinal, temos uma vida fora da *Matrix*, ou estou errado?

Por que a carta é a última plataforma romântica? O encanto dela está no tempo exclusivista que destinamos a sua confecção, no tear das palavras, no prazo do itinerário de ida, na leitura, na maturação da resposta e no regresso.

Portanto, antes alguém que demore a responder e que, quando o faz, se dedica a ler o que lhe escreveu e a garimpar as palavras para lhe corresponder, do que aquele instantâneo, monossilábico, com a mornidade de um ponto e vírgula entre frases.

Aprenda a se comportar

Quarta-feira passada, 26 de março de 2014, aconteceu uma audiência pública para discutir o projeto de lei que visa a tornar um vagão do metrô de Belo Horizonte de uso exclusivamente feminino. Um vagão rosa.

Na quinta-feira, 27, o SIPS/Ipea (Sistema de Indicadores de Percepção Social) revelou informações preocupantes a respeito da mentalidade das pessoas, sobretudo dos homens, em relação às mulheres. Entre os 3.810 entrevistados, 58% responderam que "Se as mulheres soubessem se comportar, haveria menos estupros".

O que seria uma mulher saber se comportar?

Seria ficar em casa fazendo serviços domésticos e trajando camisa de vereador, bermuda larga, *havaiana* branca com tirinha azul e touca de meia calça com nó? Te digo que mesmo assim ela correria risco de ser estuprada pelo próprio marido. Pois, uma parcela de 27%, dos mesmos entrevistados, concorda que a mulher deve ceder aos desejos do marido mesmo que ela não esteja com vontade.

"Não, num é pra tanto, ficar em casa. A mulher tem que trabalhar, né? Ok! Tem que trabalhar e andar pelas ruas, mas desde que não seja com roupas curtas", explicaria alguém prático. Meu caro, cada indivíduo é proprietário do seu próprio corpo e faz dele o que bem entender. Seja colocando piercings, alargadores, adornando com tatuagens, usando salto alto, galocha, rasteirinha, cabelo curto, liso, roxo, laranja, encarapinhado, saião de chita, minissaia, top, camisola...

Se muitas mulheres estão cagando para o que a moda dita, o que dirá da sua opinião de homem. Elas não precisam se emburcarem para serem vistas e julgadas como comportadas. Até porque, mesmo em países nos quais as mulheres se ininjam, elas sofrem com a objetificação masculina e até mesmo estupros coletivos, como na Índia.

Mulheres de seios fartos costumam sentir mais calor do que as outras, questão natural de atrito. Para que ocorra uma ventilação natural, o ideal é se vestir com blusas decotadas. Porém, para que evite olhares incômodos e julgadores que a limitem aos seus seios, elas preferem usar uma blusa fechada. Ora, mulher, o homem que se limita a defini-la apenas ao decote não merece sequer revê-lo, muito menos conhecê-la.

Quando o assunto é julgar as mulheres, perto de nós, homens, manicures, najas e mulheres ardilosas são café pequeno. Todos sabemos disso. Quem não se lembra do terrorismo que foi para algumas a época do tal *Tubby*?

Entretanto, a maioria dos homens é incapaz de assumir que julgam muito mais as mulheres do que elas próprias. As criticamos e julgamos com ausência de autocrítica. Dê-se o respeito você. E aquela frase clichêzônica "Mulher se veste pras outras". Ora, se elas se vestem para as outras, não é porque querem ser estupradas. Mas não foi o que a pesquisa informou, já que "42% das pessoas acreditam que a mulher é culpada pela violência sexual". Que culpa as mulheres têm se grande parte dos homens são femeeiros que até relincham ao ver uma porção de pele feminina maior que dois dedos?

As mulheres não precisam de um vagão exclusivo, até porque o encoxamento não acontece apenas no metrô, há arrocha no ônibus também, em shows, boates, pubs. Enfim, quem está mal intencionado encontra lugar pra encachorrar em pernas alheias. As mulheres não necessitam de uma penelopização nos transportes públicos, mas sim que os homens as respeitem e as leis as assegurem.

Não será enconventando as mulheres em vagões ou ônibus exclusivos que homens aprenderão a respeitá-las. Além de orientar as mulheres a terem voz ativa e maestria nos cotovelos para domar os encoxadores, é preciso ensiná-los que mulher não é mercadoria como eles veem expostas em inúmeras publicidades. Mesmo que ela esteja com um decote que você julgue ser V de "vem ni mim", não lhe dá o direito de querer acasalar caninamente. Mesmo que ela use um shortinho jeans que revele o corcovado do glúteo não é motivo para que avance com unhas e dentes.

Homens precisam ser mais que alfabetizados, mas diplomados em mulherologia. Precisamos ser domados a ponto de sofrermos uma reforma radical no que julgamos ser a gramática feminina.

Homem não liga para essas coisas

Quando o assunto somos nós, grande parte das mulheres costuma nos rotular com frases pragmáticas: "Homem é tudo igual". "Eles não percebem os detalhes". "São desligados e não lembram as datas". Esses dias, como qualquer outro, estava prestes a assistir a um vídeo no *Youtube* quando apareceu um anúncio. Nele, uma frase me chamou a atenção, "Mulher se lembra de tudo do primeiro encontro. Já os homens...". Em seguida, três mulheres, de diferentes faixas etárias, dão depoimentos sobre seus cônjuges. Logo após, aparecem os homens falando sobre os esboços do flerte. Descrevendo o primeiro capítulo de seus romances. As cores e as cenas do primeiro encontro.

Pergunte a qualquer homem apaixonado pela companheira como foi a primeira vez que ele a viu. Certamente ele descreverá com tamanha riqueza de detalhes que a maioria das mulheres embasbacaria com o relato. E mais que isso, elas não lembrariam de 50% do que ele disse. Recordamos o lugar onde a vimos, a roupa que ela usava, o momento em que os olhos se miraram, a música aleatória a compor a trilha sonora, da inquietação angustiante que precedeu a aproximação e permaneceu durante as primeiras frases, dos silêncios das bocas, dos ouvidos e dos olhos que aguardavam pela voz do outro e, sobretudo, do perfume que exalava no ondular dos cabelos dela. Enfim, sabemos o lide da relação. Entretanto, se questionados, responderemos através de um belo nariz de cera. O homem apaixonado sabe escrever descritivamente o prefácio do seu romance.

Homem que ama a companheira tem memória cinematográfica do primeiro encontro. Garanto! Do figurino à maquiagem, passando pelo cenário até os enquadramentos de cada reação dela, seja um sorriso, os dedos a acariciar a mesa em momentos de silêncio, as sobrancelhas reagindo à determinada frase dita por ele e os olhares de molinete que aguardam o do outro. O flerte é a pesca dos olhos.

As mulheres se enganam ao pensar que os homens têm memórias míopes. Que não veem o que se passou, mas apenas o que é. No vídeo, além de nós, as mulheres envolvidas também são surpreendidas pelas lembranças amorosas dos parceiros. Percebam o quanto a rotina é cancerígena. É notável, nos relatos do trio, que eles nunca se esqueceram do quão especiais são as amadas. Entretanto, a dominguização da relação é uma erva daninha chamada rame-rame. Nós sabemos o quanto amamos determinada pessoa. Porém, para que ela perceba, é preciso fazê-la sentir. Isso só acontece quando demonstramos. Reviver momentos é revigorar o relacionamento.

O flashback literário tem que ser coadjuvante no nosso romance. Note o quanto é emocionante conhecer os romances dos três casais narrados. A comoção se dá ao conhecermos as histórias de cada casal até o derradeiro momento da filmagem. Na propaganda, o objeto que personifica a relação é a roupa do primeiro encontro. Ela proporciona uma lembrança visual fragmentada, semelhante à provocada pela olfativa, que, ao nos cortinar os olhos, apresenta o protagonista saído das coxias da memória.

Aquele traje enroupando o outro no local do primeiro encontro é o mote da relação. Conservem, guardem com carinho qual um presente de vó. E, sempre que possível, reanimem o passado no presente. Regressem ao lugar do primeiro encontro e percebam a brisa sentimentalista que aromatiza aquele ambiente. Percebam que o saudosismo cumplicia o relacionamento.

Para arrimarmos nossos relacionamentos é preciso que sejamos a Sheherazade (a original, não a cagada e cuspida e adorada por alguns alienados que acreditam que ela seja a She-ra do telejornalismo brasileiro a vociferar pela honra do Brasil) de nossos romances. Devemos contar, recontar, viver, reviver e, sobretudo, escrever novas histórias para que os nossos relacionamentos não desbarranquem.

O erre de cada um

Quando mudei pra Belo Horizonte, em 2007, eu já previa que existiria uma chacota ou várias em relação ao meu sotaque. Em Lavras, região do Sul de Minas, pronunciamos o R retroflexo, que é dito com a língua elevada ao céu da boca. Enquanto aqui, na capital mineira, o R é gutural, ou seja, modificado pela garganta.

Foi quando atinei para uma coisa que eu não dava importância, o meu sotaque. Minha fala proporcionava sorrisos espremidos, olhares julgadores e entortares de cabeça. Entretanto, antes fosse apenas em silêncio a condenação alheia. Em vários momentos, perdido, sem saber como chegar a determinado endereço, me restava perguntar. "Por favor... (ao ouvirem dois erres retroflexos, as pessoas não prestavam mais atenção no que eu perguntava. Me olhavam qual um monólito. Por isso, eu sempre era obrigado a repetir a pergunta)

Pior que repetir é ouvir a pessoa professorando o endereço no sotaque dela, como quem corrige a pronuncia equivocada de uma palavra. Com o passar do tempo, as perguntas definharam, assim como possíveis diálogos. Muitos preferem omitir a ter que ouvir piadas e comentários repetitivos. Tal apurrinhamento pode ser resolvido de três maneiras:

1 – Desenraizar o próprio sotaque e importar o estrangeiro. O que ocorre com a maioria das pessoas. Adotam o senso comum linguístico daquele meio e tentam se camuflar. Nesse caso, o que mais me irritava, era quando, ainda morando em Lavras, um conhecido passava um fim de semana em Belo Horizonte e na segunda-feira vinha cheio de erres guturais.

2 – Peneirar sinônimos que não possuam o R "condenatório". Essa escolha exige vocabulário amplo e sagacidade do pensamento. Perto é substituído por próximo. Portaria por entrada. Enfim, é um caça palavras introspectivo que nem sempre funciona, pois demanda muito esforço.

3 – Aceitar o próprio sotaque. Opção que todas as pessoas discernidas deveriam escolher. Pra isso, basta entender que no Brasil há diferentes sotaques e que em cada um deles há o enraizamento cultural. Mudar o sotaque por preconceito linguístico diz muito da sua subserviência linguística. Apesar do preconceito linguístico ser grave, como qualquer tipo de preconceito, de todos, ele é o menos traumático. Ou pelo menos deveria ser.

Nesse tempo todo que moro em Belo Horizonte, mais de sete anos, das três opções acima circulei por duas, pela segunda e a última. No caso da segunda, você aprende a pensar mais antes de falar e muitas vezes opta pelo silêncio. Além de evitar a perguntar qualquer tipo de informação para os outros.

Lembrei de duas oportunidades nas quais duas namoradas me pediram a mesma coisa, falar "direito". Respondi, "mas eu falo direito". "Não, que nem eu falo. Porta!" gargantando a palavra. E eu, "porta", linguando a pronuncia. Até que, por capricho e vislumbrando um agrado, eu imitava o erre delas. "Viu como é mais bonito? Por que você não fala assim?", questionavam. "Porque (fiz questão de encaracolar a língua para pronunciar) eu tenho orgulho de onde nasci e das minhas raízes", relatei (Não preciso dizer que viraram ex). Foram dois momentos que exemplificam a mentalidade de moldar o outro a minha forma e na fôrma que acredito ser a ideal.

Ao assuntar a respeito dos sotaques descubro, por meio do *Atlas Linguístico do Brasil*, que o único genuinamente brasileiro é o que falo. A pronuncia do R retroflexo foi criada pelos índios para dialogar com os portugueses, já que na língua indígena não existia as letras R e L. Com o tempo o R retroflexo foi disseminado pelos bandeirantes para os estados do Paraná, São Paulo, sul de Minas Gerais, Mato Grosso, Mato Grosso do Sul, Goiás, Bahia e até mesmo em Sergipe.

Os demais erres foram importados pela corte portuguesa da língua francesa, que era chique na época, em 1808. Além disso, há outra vertente do erre, pronunciado com a ponta da língua, que provém da influência dos imigrantes europeus que colonizaram o sul do Brasil.

Muitas pessoas têm vergonha do próprio sotaque quando estão em outra região, o que resulta em autocensura linguística. Entretanto, para muitos, a liberdade linguística ocorre quando ouvimos um desconhecido na rua pronunciando o mesmo sotaque. É um alento aos ouvidos e um convite à língua. Seja ela pronunciada de forma retroflexa, gutural ou de ponta da língua.

Mudar o outro

Vendo o ótimo *A pele que habito*, de Almodóvar, pensei nas pessoas que tentamos mudar quando iniciamos um relacionamento. Quem nunca, quando começou a se tornar íntimo de alguém, tentou modificar hábitos, gestos, o visual ou atitudes do outro?

Muitas vezes estreamos uma relação sem termos encerrado outra. Sendo assim, buscamos, erroneamente, adaptar ao novo parceiro aquilo que gostávamos no antigo. O corte de cabelo, a barba ou a falta dela, a cor das unhas e gostos que vão do culinário ao musical. Enfim, alguns de nós nos achamos no direito de sermos cirurgiões plásticos do relacionamento e, mais que isso, do parceiro. Tentamos moldar o outro a nosso gosto, qual o Robert, personagem de Antonio Banderas no filme citado.

Por mais que o companheiro aceite mudar por você, para lhe agradar, são raras as oportunidades em que ele consegue se reformular ou, como na maioria dos casos, sustentar a personificação argilosa que você esculpiu. Até se cansar de ser um manequim e retomar a vida própria. Qual os brinquedos de *Toy Story,* pessoas não são Lego que podemos montar cada detalhe a nosso gosto. Erramos ao querer, assim como Robert, alguém sob medida. A disparidade é o que nos faz.

Às vezes, por não sabermos lidar com a solidão de viver, embarcamos alguém em nossa carência e insistimos que, ao convivermos, poderemos adequar o outro ao que idealizamos. Vislumbramos a sonhática perfeição. Pecamos ao religiolizar a beleza. O culto à aparência é paixônico. É fugaz como gás de refrigerante. Lembro-me de outro bom filme, *Alfie – O Sedutor*, no qual o personagem principal explica o motivo de ter desencantado com a companheira. Alfie compara a parceira a uma estátua de mármore de Afrodite. "Ela era linda. A forma feminina perfeita. Traços bem definidos. Maravilhosa! Fiquei extasiado por ela. Entretanto, ao passar perto da estátua, notei rachaduras, lascas, imperfeições na lateral. Estragou tudo para mim. Uma bela escultura danificada. Assim como Nikkie. Uma linda mulher, mas com imperfeições do tipo que você só percebe quando chega bem perto", metaforiza.

Todos temos imperfeições visíveis apenas ao convívio. Por isso, defendo a filosofia da experimentação doméstica do casal antes do casamento. Se relacionar é conviver com cabelo no ralo e na parede do box. É ouvir roncos e outros estrondos. É se acostumar com manias particulares, pesadelos, gritos noturnos e sonambulismo. Juntar é faculdade. Casar é o diploma. É através da intimidade, matéria única e primordial, que nos avaliamos e concluímos se formamos ou abandonamos. Atualmente, não precisamos mais continuar em um relacionamento ou curso no qual não nos identificamos e estamos infelizes. Cada um tem o direito de largar e rumar ao que deseja.

É óbvio que, quando vivemos a dois, algumas modificações são benéficas à relação. Porém, são mudanças mínimas. Aparamento de sobrancelhas.

Namoro à distância é ficção científica

Antes de paragrafar esse tema, é importante falar sobre outro, a desconfiança. A desconfiança e a neurose são uma casa geminada. Portanto, se você mora nela ou se a trilha sonora da sua relação é "Não era eu", da dupla Cesar Menotti e Fabiano, leia a crônica *Tudo vale a pena, se a confiança não é pequena*. Sigamos a leitura, nós que confiamos no parceiro e desconhecemos essa música.

O relacionamento presencial possui roteiro com mais contato do que diálogo. É filme de ação. Trata-se de frases curtas e muita lapada lapada (Nos dois sentidos). O relacionamento à distância possui diálogos tarantinescos. Além de longos, percorrem diversos assuntos que perpassam pelo cardápio do Mc Donald's e as comparações entre os clipes da Madonna e da Anitta. Namoro presencial é improviso, à distância é mise en scène.

Compensamos a distância com palavras digitadas ou, quando cansamos de dedilhar, falamos. São raros, mas não extintos, os que ainda dão a mão pela relação. Que se escrevem e se leem. Ouvir a voz do outro é tão prazeroso quanto as histórias que nos eram lidas, quando pequenos, antes de dormirmos. A voz acalanta, mas judia. Há aqueles apaixonados que gostam de conversar até que a bela adormeça.

Outros que com palavras colorem a noite com tonalidades que desbancam a cinza. Abaixam o tom de voz, imaginam a cena e a narram calmamente e detalhadamente. Quem ouve vira os olhos, serpenteia a língua, morde os lábios e aperta o telefone contra o rosto ao ouvir certo enquadramento. Cada um pinta o quadro a sua maneira e promete reproduzi-lo fielmente no dia do encontro. Diálogos da madrugada.

No outro dia, para as olheiras, óculos de sol e corretivo, pro sono, coca e café. A noite foi boa, mas a manhã é cruel. Saudade é o cheiro em um travesseiro vazio. É a água gelada da torneira em uma manhã de inverno. É frio que não se esquenta. É frio que queima.

Mas há dias que palavras não satisfazem. Precisamos de imagens, vídeos, *Skype* ou *Facetime*. Apesar da fartura de métodos, que vão de JPG a MP3, o relacionamento não deixa de ser mais imagético e menos palpável. Quando se ama à distância, o distanciamento parece interestelar. A tecnologia evolui pestanejantemente, mas até que surja o teletransporte, os namorados terão que se contentar em beijar telas e monitores. Namoro à distância é ficção científica. É necessário paciência de astronauta para explicar mal entendidos, mas também para suportar a demora de atingir onde se deseja, sobretudo, se for para fincar a bandeira.

Rascunhamos ao longo de dias o roteiro que será vivido junto no fim de semana. Porque a semana é minha, o final de semana é nosso. Aguardamos ansiosos o reencontro qual uma criança aflita pelo presente de Natal. É a angústia que precede a decisão. É o desejo por ver o filme favorito que não cansamos de rever. O nosso. A palavra do encontro é volúpia. Relembramos cada palavra, frase, foto, provocação, como: "Tomei sol hoje. Tô com marquinha. Sábado te mostro ;) " Todo tesão represado é erupzado.

No encontro, os olhos se sorriem, as mãos se abraçam, as bocas se desejam e os amantes se beijam. Esse amor road movie, de rodoviária, caminhoneiro, caroneiro, se destaca pela fotografia. Quanto mais próximo do destino, mais cinematográfica é a paisagem. Na ida as imagens são contemplativas como a Monument Valley nas lentes de John Ford. Na despedida, quase sempre crepuscular, a fotografia é melancólica à Lars von Trier.

Entretanto, mais cruel que a visão do retrocesso é o olfato ruminante. O namoro à distância nos aguça o olfato. O cheiro é a fagulha da saudade. A saudade é cruel, mas a intensidade do reencontro compensa.

Minha primeira paixão

Hoje acordei e recordei da minha primeira paixão. Letícia era loirinha e bem mais baixa que as suas colegas de sala. Eu era de outra turma. Só nos víamos na cantina quando estávamos com nossas merendeiras. A minha era do *Aladdin*, a dela não me lembro. A relação se dava à distância e entre olhares de testas suadas e bocas esfareladas. Entretanto, havia um outro menino, chamado Renan, que também gostava dela.

A primeira paixão nunca é dita, apenas ouvida. Não falamos diretamente para a pessoa que gostamos dela, há sempre um intermediário, um porta voz, um carteiro de recadinhos (será que eles se descobrem profissionalmente nessa fase?). Entretanto, nem sempre a mensagem que eles nos trazem é a que aguardamos.

Primeira série, dia dos namorados do ano de 1995, Escola Estadual Firmino Costa. Após o esguelar da sirene anunciando a merenda, me sentei em um murinho de frente pra minha sala. Enquanto comia um triangular misto, um colega de sala, ou melhor, mensageiro, chegou esbaforido e com o cabelo colado a testa brilhante de suor. "Olha, olha! Ela te mandou isso de presente", sorriu, mostrando um cachorro de orelhas azuis, barriga verde, patas vermelhas, de corpo e cauda marrom.

Questiono o motivo do presente. "É dia dos namorados", diz o mensageiro, contente como um Papai Noel de filme. A palavra namorados me enxameou por dentro, como uma pedrada ao meio-dia em casa de marimbondo. Imediatamente pensei, "o que que eu vou falar lá em casa?". Sou o caçula e nunca vi minha irmã e nem meu irmão chegarem em casa com presentes de Dia dos Namorados. Imaginei as risadas dos meus irmãos e nas perguntas de minha mãe. "Minha mãe vai me xingar", ponderei, olhando aquele arcoirístico cão de pelúcia.

Não hesitei e disse, "Eu não quero esse cachorro. Não posso, minha mãe vai me xingar", para a decepção do mensageiro. Ela partiu com o cachorro e eu terminei meu lanche. Guardei minha merendeira na sala de aula e fui para o pátio brincar.

Meio ao pique e pega, as viradas de estrela e plantar bananeira (quando você equilibra o peso do corpo sobre as mãos) vi, no cotovelar de dois corredores, as cores que tanto tinham me amedrontado. Curioso com o que tinha ocorrido ao cachorro, que parecia a mistura de todos os ursinhos carinhosos, percorri o pátio atrás do alvo colorido. No caminho, passando em frente a sala de Letícia, a vi emburrada e com olhar malicioso. Contudo, ela não estava com o cachorro, o que talvez explicasse aquele olhar. Logo adiante, saindo do banheiro, avistei o cãolorido nos braços de um sorridente e esnobe Renan. E foi assim que terminou minha primeira paixão. Nas mãos de outro.

Inverno do Leste

Esses dias me lembrei de uma paixão que tive acho que mais ou menos há uns 10 anos. Minha irmã estudava arquitetura em Viçosa e namorava Rafael, um rapaz do Mato Grosso que fazia agronomia. Na formatura dele, conheci Carolina, sua irmã. Tímido que era diante das mulheres e perante meus pais, apenas a olhava e sorria. Durante os quatro dias de comemorações, missa, coquetel, baile e churrasco dos formandos, eu apenas pensava, amanhã eu dou um jeito de falar com ela. A formatura terminou. E eu não falei. Não existia celular, muito menos redes sociais, pelo menos pra mim. A esperança ficou em um convite dos pais dela e uma promessa dos meus de visitarmos a cidade de Primavera do Leste no Mato Grosso.

O tempo passou e eu, vez ou outra, perguntava quando iríamos visitar a família do Rafael. Até que certo dia entramos no carro e rumamos para o Centro-Oeste brasileiro. Os quase 1.500 quilômetros foram percorridos em dois dias. Em todo esse percurso eu imaginava como estaria Carolina, provavelmente mais bela do que quando a conheci. No primeiro dia, meu pai dirigiu cerca de 1.300 quilômetros até Rondonópolis, onde o namorado de minha irmã tinha arrumado emprego e estava morando. Dormimos lá e no dia seguinte fomos para Primavera do Leste.

Lembro de retas intermináveis entre plantações de soja e imensos caixotes pretos no meio dos roçados que ao longe pareciam ônibus, mas eram toneladas de algodão compactadas embaixo de lonas pretas.

Ao chegarmos a casa da família de Rafael, todos estavam presentes, menos Carolina. Tímido, quietei em minha curiosidade, até que minha irmã perguntou pela cunhada, "Está na casa do namorado", respondeu a sogra da minha irmã. Todos aqueles quilômetros percorridos entre paisagens contemplativas, matos borrados através da janela e as horas gastas para estar ali ruíram em poucos segundos com uma frase.

Pouco tempo depois, Carolina chegou com o namorado. Me restou o cumprimentar e olhar. Durante os dias que passei lá, procurei fazer média com os irmãos e o pai dela. Fui criado em um ambiente urbano, mas fundamentado por alguns conceitos rurais. Dentre eles, um homem é visto como bom partido quando é sacodido, ou seja, trabalhador. Fui com os irmãos dela conhecer a fazenda deles e os ajudei com a colheita da soja. No outro dia, à noite, descarreguei com primor a camionete do pai dela que estava cheia de cocos. Busquei fazer minha fama de ativo, sacodido, para provar que era um pretendente melhor que o atual.

E com esforço e suor, literalmente, consegui. Os irmãos dela comentavam que eu era muito melhor que o outro. Que eles aprovavam. Mas não se trata de uma novela das seis, quem escolhe não são eles. Certo dia, fiquei sabendo que ela havia brigado com o namorado. Pensei, é a minha oportunidade. Entretanto, sempre tive vergonha de conversar com qualquer mulher na presença de meus pais. Lembro que ficamos na sala, sentados em sofás diferentes, com nossas mães a conversarem sobre novelas e bordado e nós dois a olharmos e sorrirmos um para o outro. Quando nossas mães se retiraram para aquele ritual que elas têm antes de dormir (passar cremes, arrumar a cama, ler, pensar no almoço do outro dia) eu fiquei ali a sós com Carolina. Minha timidez me censurou as perguntas. Me limitei a responder as dela. Logo em seguida, a mãe a chamou para dormir.

Na noite do dia seguinte, todos sairíamos para algum lugar que não me lembro. O que recordo é dela se maquiando em frente ao espelho do lavabo de porta aberta. Da sala, eu espiava Carolina e o reflexo, mais ele do que ela. Observava o tracejar do lápis nos olhos e fiquei hipnotizado enquanto o batom ganhava os lábios.

Sem saber como lidar com minha timidez e a presença dos meus pais, me lembrei que minha irmã ficaria lá mais alguns dias após nossa partida. E pensei, meus pais vão e eu fico aqui para ir embora junto com a minha irmã. Resolvido o problema. Assim planejei. Falei com os irmãos de Carolina e eles gostaram da ideia. No jantar, eles sugeriram que eu ficasse mais uns dias, minha mãe, com toda a esquiva que as mães têm para gambelar os filhos, desconversou o assunto.

Na manhã seguinte, enquanto meus pais e meu irmão arrumavam as malas, comuniquei que eu queria ficar mais uns dias junto com minha irmã. Quando ouvi da minha mãe, "Não, de forma alguma. Vamos embora hoje". Inconformado, empaçoquei minhas roupas na mala para partir. Da despedida, me recordo dos cabelos ainda molhados e de cheiro frutífero do xampu que Carolina usava. Enquanto a minha família regressava da garagem, a dela avançava para o passeio. De lá, vi os acenos de adeus vindos do portão. Enquanto eu, por trás do vidro do carro, sustentava uma cara de gado embarcado. Eu esperava que naquela cidade tivesse primavera, cores, beijos e felicidade, mas o que tive foi o inverno, frio, solitário e cinzento.

A volta para Minas Gerais, devido ao contragosto, demorou o dobro. Como consolo, lembrei que dali um ano seria a formatura da minha irmã e poderia revê-la. Porém, o que eu não esperava era que seis meses depois o namoro da minha irmã terminaria e eu nunca mais veria a Carolina.

Filhos únicos

Certa vez, conversando com um amigo sobre relacionamentos, chegamos à particularidade das filhas únicas. Ele, com experiência de longa metragem, e eu, com uma trilogia. Relatamos o quanto foi complicado se relacionar com alguém endeusado familiarmente. A proteção redômica, qual a rosa encantada de *A Bela e a Fera*, é um disneylize cruel para a filha. Zelar não é aprincesar. Educar não é entupir o choro com a paliativa chupeta. O medo de magoar priva ensinar.

Mas não são apenas elas as mimadas. Lembremos o jovem príncipe de *A Bela e a Fera*, pré-amaldiçoado, que destratou uma velha mendiga e se tornou a Fera. No mundo real, aquém dos barbacãs da *Disney*, temos homens e mulheres monarquizados. Criados aduladamente, pois obtém 200% da atenção dos pais, tornam-se egocêntricos e acreditam ser onipresentes em qualquer situação, se esquecendo do contexto de outrem. Quando crianças, buscam sempre a atenção dos adultos, preferem conviver e se utilizar da linguagem deles. Portanto, é provável que adquiram uma personalidade extremista: ora adulta, ora infantilizada.

Querem ter mais mimos que vestido de dama de honra. Acreditam que os acontecimentos devem ser a seu modo e no seu tempo. Se negam a entender que cada coisa tem seu momento e temporalidade. É preciso compreender que há pessoas que usufruem o tempo ampulhetamente e outras digitalmente.

Filhos únicos são imediatistas e pragmáticos. Para conquistarem aquilo ou quem almejam, desenvolvem uma persuasão advogadiana. Se relacionar com eles é extremamente cansativo, pois precisamos fazer seus desejos, daquela maneira específica e naquele instante exato. São eternos grávidos no quesito desejar. Quando não conseguimos realizar seus pedidos, somos trocados e eles encontram quem os faça. Quando gostamos da pessoa, acabamos nos submetendo ao cardápio de regalias impostas por eles. Quando não temos tamanho afeto para supor isso largamos e pronto. Pronto?

Já viu criança mimada que possui 20 m² de brinquedos ceder um tazo? É tacar pedra na casa de marimbondo. É acuar gambá. Filhos únicos, quando terminam uma relação, têm uma filosofia que na minha terra se chama "não caga e nem sai da moita". Se pra eles, na época infantil, era um parto abrir mão de brinquedos, imaginem de pessoas. É uma sarna. Não nos dão sossego. Acreditam que as pessoas são bumerangues adestrados a ela. Estilo Felícia de amar.

Você pode concluir pragmaticamente, qual um filho único, "é só não se relacionar com um". Eis o problema, de acordo com o IBGE, a taxa de fecundidade brasileira em 2010 foi de 1,90 e, pra piorar, a do ano passado foi de 1,64. Ou seja, nem dois filhos por mulher. Caminhamos para a era dos filhos únicos e, juntamente a ela, a de relacionamentos entre filhos únicos. Se continuarmos a criar filhos com tiaras e coroas, sofreremos com a empáfia em todos os âmbitos, do profissional ao sentimental.

Visto as experiências que já tive e também algumas aventuranças de amigos, em um futuro pouco distante, quem tiver irmão será um partidão.

Sem maquiagem

Sinopsiando meu texto, sobre o desafio cara limpa, já aviso que não enveredarei para a tal beleza interior. Maquiagem é exterior, portanto, ater às fachadas humanas. Aliás, há muitos que com falsa deferência e humildade em público que são mais mal acabados que muitas sem a decoração da arquitetura facial.

Durante esses dias, ronda a vida facebookiana mais um desafio. Ao contrário do gelado e molhado viral do balde de gelo, esse é seco, sem reboco, indecorável. Nele, as mulheres devem postar foto de cara limpa. Fotografar o momento que geralmente antecede e sucede o sono. Pós utilizar os vintages leite de rosas, leite de colônia, ou o mainstream demaquilante. Aliados das fronhas, eles trabalham como tíner facial. (Se você leu Tinder, não tem problema, porém saiba que lá é propaganda política. É resumir-se em algumas fotos. Tudo é mais belo).

Desde que integramos as redes sociais às nossas vidas, técnicas embelezadoras de imagens foram acometendo as pessoas já no saudoso Orkut. Durante esses 10 anos, foi possível perceber a evolução das técnicas utilizadas pelas mulheres para se exporem vitrinicamente em seus álbuns. Quebradinha de pescoço, língua à mostra, ajeitamento de franja tapa olho, biquinho, dedinhos em V, os quilos de blush que eram quase rodelas de beterraba nas bochechas, e claro, aquela autopromoção na qual a câmera suspensa valoriza o decote. Digamos que hoje seria um selfie sexy em plongée. Pra mim, isso é sensacionalismo. Apelo por audiência. Por curtidas e comentários. Divã online.

Sabendo dos apuros cinematográficos que elas possuem para se auto promoverem, desde enquadramentos, ângulos, iluminação, figurino, há alguns anos formulei uma frase que digo às mulheres e homens que conheço: Sei que uma mulher é bonita quando ela acorda ao meu lado em um domingo, sem maquiagem e usando uma camisa de vereador. Essa ocasião é a antítese de bailes, formaturas, casamentos. Conhecidos pelo treinamento da conta bancária para a maratona embelezadora dos pés à cabeça.

Filosofia de boteco à parte, o fato é que o embonecamento faz parte de uma doutrina da beleza. Do marketing da aparência superficial. Sou tomado por um desprezo repugnante quando vejo uma menina de três, quatro anos, com esmalte. Assim como me causa inconformismo as pessoas que ao longo da vida são incapazes de mudar o corte de cabelo. Cabelo é igual mato, cresce sozinho. Entretanto, apesar de discordar completamente do tingimento das unhas infantis e da inapetência das pessoas, tenho que respeitar a mentalidade deles. Assim como as barbies devem ser complacentes com as outras personalidades diferentes dela. Em contrapartida, quem se embeleza com tatuagens, brincos, piercings, cabelos desgrenhados e roupas caleidoscópicas, enfim, os ditos outsiders, também devem diferenciar os mainstreams. Não precisamos de torcida única no clássico estético.

Assim como para se compor uma música, escrever um livro, interpretar um personagem, cinematografar um filme são inegáveis as influências de outras pessoas, viver é se inspirar nos outros. Somos seletos ecléticos. Não devemos tergiversar o estilo do outro. Somos obras de nossas referências.

Síndrome de Barbie

Na crônica anterior, citei meu repúdio às mães que esmaltam as unhas das filhas de três e quatro anos. Equivoquei-me ao limitar a idade das crianças e a crucificar as mães. A questão não tem idade específica, nem casos individuais e muito menos esporádicos. É um problema coletivo e recorrente a respeito de um período da vida. Infelizmente. Quinta-feira, vi uma matéria da *Carta Capital* criticando um ensaio da revista *Vogue Kids*, deste mês, que fotografou meninas em poses sensuais. Ressabiado com o tal ensaio, decidi comprar a revista. Chegando na banca, pergunto sobre a publicação e estranho o cenho franzido do vendedor. Ele olha para a *Vogue* plastificada, leva as mãos até ela e a vira, atrás, no que era pra ser a quarta capa, se tem outra capa.

Ao contrário da feminina, que traz uma caleidoscópica Adriana Lima, a infantil (feminina na mesma proporção) possui um casal de crianças que sobrepõem o nome *Vogue Kids*. A revista feminina traz a tal *kids* mochilada. Digamos que a cria vem praticamente em uma bolsa de canguru às avessas. Ao abrir a revista, pude refletir e esclarecer sobre algumas questões que me fiz e pelas quais não encontrei na internet.

Quanto custa para a mãe a revista? (Porque é óbvio que a criança não compra uma revista dessa)

Será que essa adultização se reduz apenas ao ensaio criticado?

Desde quando ela vem reforçando e disseminando a adultização das crianças?

Há 22 edições, as crianças se tornaram mini mulheres, mini homens em algumas páginas da *Vogue Kids*. Afinal, não basta a cultura da objetificação feminina jovem e adulta. É necessário manter uma cultura pedófila. Como foi feito no ensaio que vem sendo criticado – antes fosse pelo batido título *Sombra e água fresca* – pelas fotos de crianças em poses sensuais. Alguns podem achar frescura, exagero, que é caçar chifre na cabeça de ovo. Entretanto, a miopia social cangada ao aceitadorismo nos tapam e nos impedem de interpretar determinadas pautas do cotidiano. Às vezes, é preciso distanciar para visualizar e contextualizar o todo.

Crianças são espontâneas, fotogênicas, incautas e incapazes de expressar desejos sexuais por meio de seus corpos. Ainda mais por meio de carões insinuantes, clichês de modelos fotográficos. No ensaio, creditado a Catherine Ferraz, as meninas bancam um sensualismo charlatão que nos demonstra, claramente, a visão adulta da pauta coreografada pela fotógrafa. A cada levantada de blusa, a cada olhar malicioso por cima do ombro, a cada despernar que delata a calcinha, a cada pose adulta às infantis, torna-se evidente a ideologia da revista sobre as crianças.

Além do ensaio, ao longo das 81 páginas da *Vogue Kids*, aparecem outras fotos nas quais crianças fazem poses, bocas, caras e olhares luxuriosos que são inexistentes no acervo das expressões corporais infantis. Crianças tendem a rir com as bochechas, a mostrar os dentes, ou na falta de algum, a cerrar a boca e engavetar os lábios para ocultar a perda do dente de leite, que é um deleite para os paiparazzis. Retomando. Sem esquecermos das maquiagens e penteados, vemos nas fotografias uma barbierização das meninas. Essa seita, que conta com inúmeras mães como seguidoras, dissimula a síndrome de Barbie, conceito de que garotas são mini-mulheres, assim como a famosa loira de plástico acredita ser uma mulher e não uma boneca.

Após analisar as duas revistas, percebo que a linha editorial possui a mesma diretriz para o sexo feminino de mamando a enrugando. E, por fim, me lembro de como as magazines saíram da banca, unidas plasticamente, praticamente siamesas. Farinha do mesmo plástico.

(Obs.: Dois dias depois, uma liminar da justiça determinou que a editora Globo interrompesse a distribuição e recolhesse os exemplares da *Vogue Kids* que estavam nas bancas)

A outra face do padrão de beleza

Infelizmente, estamos acostumados a que o padrão de beleza tenha como efeitos colaterais a autodestruição por meio da anorexia nervosa e da bulimia. O medo mórbido de engordar e a preocupação exagerada com o peso fazem com que muitas mulheres, ao verem outras que consideram magras, tenham uma visão equivocada de que aquele corpo é belo. Além disso, essa exposição ao modelo magro resulta num aumento de respostas afetivas negativas como: culpa, depressão, infelicidade e vergonha.

Em uma entrevista a Dráuzio Varella, Táki Cordás, médico psiquiatra e professor de psiquiatria na Universidade de São Paulo, comenta sobre a tirania da magreza que atormenta tantas mulheres. De acordo com Cordás, alguns estudos mostram que certas mulheres de corpo escultural, verdadeiras capas de revista, estão insatisfeitas com o próprio corpo. Essa autoimagem distorcida é comum nas mulheres, mas não costuma ser tão grave que possa causar anorexia nervosa. Se fizéssemos uma pesquisa com ambos os sexos, verificaríamos que é muito maior a porcentagem de mulheres descontentes com o corpo do que a de homens e que a queixa aumenta no período pré-menstrual, ou naqueles em que estão mais irritadas, ansiosas ou deprimidas.

Recordei de um episódio que ocorreu em agosto de 2010. Na ocasião, Cleo Pires foi capa da revista *Playboy*. Não sei de quem foi a ideia, não vem ao caso, a questão é que determinada pessoa foi às ruas para questionar os homens e as mulheres sobre quem eles preferiam. Nós, homens, fomos quase unânimes quanto às curvas voluptuosas de Cleo Pires. Já as mulheres preferiram a retilínea Gisele Bündchen. É a perspectiva do padrão de beleza enquadrando o olhar feminino.

Há alguns dias, li uma notícia na qual uma jovem argentina de 15 anos teve o rosto retalhado por duas vizinhas que se incomodavam com a beleza da moça. Enquanto as agressoras retalhavam a face da moça, uma delas dizia, "Quero ver alguém te achar bonita agora" e a outra complementou, "Vai ficar como Chucky".

Assustado com a notícia, enviei o link para uma amiga. Ela, ex-modelo, me confessou, para o meu espanto, que já tinha passado por situação parecida. Certa vez, ela estava na rodoviária de Brasília com a mãe e resolveu ir ao banheiro. Enquanto lavava as mãos, duas travestis entraram no banheiro. A olharam lentamente e uma delas disse, "Você é bonita, ein? Muito bonita!". Espantada, ela ficou em silêncio. No mesmo instante, a outra travesti trancou a porta do banheiro, retirou um canivete da bolsa e olhando fixamente pra ela perguntou, "Será que você vai continuar bonita mesmo com um talho no rosto?".

Os olhos dela desfocaram com as lágrimas.

Preocupada com a demora da filha, e ao recordar que duas travestis tinham entrado no banheiro há algum tempo, a mãe foi até lá. Ao chegar, encontrou a porta trancada e começou a gritar e esmurrar a porta. Perto dali, dois seguranças ouviram os berros e pedidos de ajuda. Eles correram até a mulher, forçaram a porta e ordenaram que abrissem. Surpreendidas, as travestis guardaram o canivete e destrancaram a porta.

Em outra ocasião, não tão dramática, essa mesma amiga estava em um bar com uns amigos gays. Em determinado momento, uma travesti, conhecida dos amigos dela, jogou um copo de cerveja no cabelo dela e disse que era pra ela sair de lá, pois não tinha ido com a cara dela. Os amigos tentaram apaziguar e disseram que ela não iria embora. Incomodada, a travesti disse que minha amiga estava ali para disputar beleza e disse que iria acabar com ela. Ao ameaçá-la, os amigos saíram no tapa com a travesti.

É essa face, esse efeito colateral do padrão de beleza que quero abordar. A obsessão torna-se tão intensa que descamba em violência. A visão distorcida de si faz com que as mulheres vejam abstrato onde há realismo. Que cultuem o impressionismo e não notam que a beleza é expressionista.

Olhos de chá mate

Há cinco anos, conheci uma mulher. Perdemos o contato. Aliás, apesar de querer, nunca tivemos. Jamais conversamos. Apenas nos cumprimentamos em duas oportunidades que nossas pupilas se viram. Entretanto, não só o nome e o sobrenome dela, como os lugares nos quais a vi, em três oportunidades, cristalizaram em minha memória. O que me permitiu por um bom tempo flertar com suas fotos.

Há quase um mês, a adicionei no *Facebook* e começamos a conversar. Me encantei pela história dela, de toda sexta ir a um lugar inédito e aos domingos ir visitar a avó que tem Alzheimer, por compartilharmos do mesmo trauma de não nos relacionar mais com filhos únicos, por adorarmos a mesma personagem da *Disney*, Pocahontas, e por ela ser uma mulher que não gosta de bolsa.

Há seis dias, nos encontramos pela primeira vez. Me apaixonei pela pontualidade. "Sempre chego adiantada nos compromissos. Não gosto de fazer os outros esperarem", explicou. Fomos ao cinema. Antes, conversamos sobre vários assuntos, entre eles sobre o presente que lhe dei, o livro *Quem, eu?* de um neto que abriu mão da carreira para cuidar da vó com Alzheimer.

Morena, 1,58 m, pés tamanho 36, ela possui uma presença vitrínica. Ela é uma fragrância visual. Sua beleza emana um rastro que preenche o lugar que estiver. Como um avião a rabiscar o céu. Ela tem um talhe esculpido por Michelangelo em dia de grande inspiração e que envaza uma charmosa timidez. Seu corpo é adornado de significados. Como os dizeres *Do what thou wilt shall be the whole of the law*, qual um bracelete no braço esquerdo. Enquanto no direito, um cabide dita sua profissão.

Sentados, conversávamos enquanto não se aproximava o horário da sessão. Se ela fosse filme seria um de Terrence Malick, tamanha a beleza contemplativa. Juro que tentei me concentrar em suas falas, mas meus olhos insistiam em mergulhá-la. Me afoguei em apreciação.

Me impressionou o poder dela de me regressar à adolescência. Me senti um garoto diante de uma mulher. Convivo harmonicamente com minha retórica, mas nesse dia faltaram palavras e sobraram reticências. Entramos na sala e nos acomodamos. Inquieta por não saber onde colocar o chiclete que mascava para comer pipoca, pedi que o colocasse em minha mão. Ressabiada, ela perguntou o que eu faria. Pedi que confiasse em mim. Só assim ela soltou o chiclete sobre a palma de sua mão – aformosada por quatro anéis iguais na cor bronze e com unhas descascadas de um esmalte preto – e o colocou em minha mão. O enrolei no papel do canudinho e o coloquei no bolso para depois jogar em alguma lixeira. Todos os movimentos foram espreitados em um olhar agateado pelas sobrancelhas dela.

De mãos dadas, durante o filme, as protegemos diante da aflição da agulha da máquina de costura perfurando o dedo da protagonista. Em seguida, soube que o mesmo já tinha acontecido com ela na faculdade. "A minha unha ficou horrorosa e caiu", contou, sorrindo. Reagi beijando a mão dela. Eu presenciava dois suspenses, o do filme e o meu. Sem saber se haveria o desfecho do segundo.

Meus olhos se desprenderam da tela e se direcionaram a ela. Meus dedos rastelaram os cabelos dela em volta da orelha com a sutileza do cultivar de um jardim japonês. Ao descobrir sua nuca li com os lábios a frase *We made a pact*. Essa é uma das tatuagens que ela e a irmã fizeram juntas. A outra é um coração no dedo médio da mão esquerda. Aproveitando o penteado dela, que descobria o pescoço do lado direito, meu queixo enbarbado deslizou vagarosamente do ombro ao alargador preto. Em seguida, declinei beijos do pescoço ao ombro. Os olhos dela fingiam estar concentrados no filme. Fiquei a olhá-la. Depois, acariciei meu rosto no dela efetuando a baliza do beijo até estacionar meus lábios naquela boca rubra. Minha língua se lisonjeou com o seu singelo piercing do sorriso.

Naquele momento, mesmo de olhos fechados eu sabia que eles estavam sorrindo. Um beijo desejado, quando efetuado, causa uma euforia silenciosa, qual um torcedor que é privado de comemorar o gol de seu time por estar na torcida adversária. Um teatro introspectivo.

A sessão terminou e caminhamos para fora do shopping. Calada e tímida, a aparência dela, orquestrada minuciosamente, se expressava por ela. Acostumado a vê-la apenas em fotos, nas quais a maioria é em preto e branco e ela aparece usando óculos escuros, me encantei com suas cores e morri em seus olhos de chá mate. Ela me explicava sobre moda, quando, de repente, interrompi sua fala, emoldurei seu queixo com meus dedos, segurei-o e virei seu rosto para mim. Ela me olhou e disse, entre um sorriso sem graça, "Quê? ".

Revelei, olhando-a nos olhos, "Você é muito linda para se ocultar em fotos noir. E seus olhos são muito bonitos para se esconderem atrás de óculos escuros". Invadida de timidez, ela respondeu, meio a um delicado sorriso de bochecha espremida e um singelo empurrão em meu ombro, "Paraaaa. Eu tenho vergonha" e, escondendo o acanhamento com os cabelos, concluiu, "Obrigada! ". O táxi dela chegou. Nos abraçamos, ela se abailarinando e eu me curvando demos três beijos e nos despedimos. Cada qual para o seu canto.

Nas ruas, ao retornar a pé para casa, me vi como Tom de 500 days of Summer. Eu sorri para todos que cruzavam o meu caminho, desejei boa noite, sacolejei ombros em uma dança particular e cantarolei, "*You make my dreams*".

P.s: Ao chegar em casa, retirei do bolso e guardei em minha gaveta os ingressos do filme fileira J, poltronas 11 e 12, e o chiclete que ela havia mascado.

Sabe quando você apaixona na pessoa?

Sabe quando você conhece alguém e apaixona? Assim, sem ao menos terem abraçado os dedos, respirado de olhos fechados a fragrância do outro e sobreposto os lábios. Paixão visual e dialogal.

Sabe quando você, ao encontrá-la, tem como vocabulário o silêncio? É quando seu dicionário quer se expressar, mas se rascunha a olhar.

Sabe quando dizemos frases de elevador para preencher o silêncio que nos constrange? É como no diálogo genial entre Annie Hall e Alvy, em *Annie Hall*, no qual os dois falam, julgam (internamente) e tentam interpretar a opinião do outro. O banal é dito e o carnal é omitido e refletido.

Sabe quando a inquietação do corpo dialoga com a friagem interna da aproximação? É quando temos dimensão da complexidade que é nos sentir. Nos conhecer. Desconhecemos a violência sutil de nossos sentimentos. Nos robotizamos. Raciocinamos sete vezes para tirar nossa mão do estado vegetativo e pegarmos a dela. Será que ela se esquivará? Puxará a mão para um falso ajeitar de franja?

A paixão nos torna inexperientes. Podemos ter namorado cinco, seis vezes, relacionamentos de anos, que mesmo assim, seremos aprendizes do outro. O ineditismo da paixão nos faz calouros. Por isso as pessoas se revigoram quando estão apaixonadas. Nos reinventamos a cada nova empreitada amorosa.

Sabe quando você está apaixonado e tem ciência de que o outro não está? Sabemos do autoengano, que estamos equivocados, e ainda assim, embarcamos. Temos consciência da razão, mas optamos pelo coração. Ao mesmo tempo que refugamos, desejamos. A razão censura o coração. A paixão é a idealização do outro.

A paixão é empreendedora. Te faz replanejar a própria vida e imaginar como ela seria com o outro.

A paixão é ansiosa. É flertar o telefone à espera da resposta. Você percebe que se cansará rapidamente do fundo de tela do seu celular. A não ser que seja a foto da pessoa. Entretanto, nesse caso, a angústia aumentará.

O apaixonado não toca sua paixão. Ele a lê em braile. Cada erupção da pele, acarrapichamento dos pelos ou relevo de cicatrizes são lidos e memorizados no dedilhar carinhoso da corpografia.

O apaixonado é um leitor promissor. No intuito de conhecer o universo profissional e social da sua paixão, ele traça livros. Quer ter referências bibliográficas da área dela e não só ter assunto de interesse dela, mas também demonstrar interesse além da fornicação.

O olhar apaixonado contempla a postura, os gestuais e o silêncio do outro. A respiração torna-se extensão do olhar. Ela pontua prazerosamente o fitar ao suspirar.

A paixão inspira, mas também pira. Pois é um sentimento elevado a uma intensidade que sobrepõe a lucidez e a razão.

Se apaixonar é se destravar.

A paixão é carcereira. Nos liberta e nos prende.

Porém, melhor do que se apaixonar é estar apaixonado.

Ela viria de branco

Com o tempo, a beleza dela, que era a sua profissão e que tanto me encantou, se tornou um grande estorvo, do qual ela se questionou a respeito da supervalorização da superficialidade. Cansada daquele mundo de embalagens, que valoriza o embrulho, ela decidiu fazer jornalismo. Quando soube da escolha, me surpreendi com a atitude e a apoiei nessa selva que nem a Jane do *Tarzan* se arriscou adentrar.

Certa feita, ela gravava um programa para a disciplina de radiojornalismo em sua faculdade e eu, que já tinha concluído a matéria, estagiava no laboratório de rádio da minha faculdade. Sabendo disso, ela me enviou algumas gravações para que eu pudesse ouvir e comentar sobre a qualidade. Foi prazeroso ouvir a voz dela, que potencializou a saudade, mas também foi reconfortante, pois escutei o sotaque tão parecido com o meu e que raramente ouço nessa cidade.

Desde março de 2010, nossos diálogos foram espaçados, qual o prazo de entrega de correspondências. Nunca tivemos o hábito de conversar diariamente. Mas sempre que sentíamos falta do outro, ou nos sonhávamos, nos correspondíamos e relatávamos o acontecido, as lembranças e terminávamos a prosa culminando com a curiosa dúvida, quando será que iremos nos reencontrar?

Durante esse período, mudaram-se as plataformas de comunicação, Orkut, *MSN*, para *Facebook*, *Whatsapp*. Contudo, nosso sentimento de adoração pelo outro permanece. Já nos questionamos inúmeras vezes como é possível que nos adoremos com essa intensidade, se nos vimos apenas uma vez.

Certa vez, liguei para ela para desejá-la felicidades em seu dia. Ela se assustou, é verdade, com o distante DDD 35, mas seu pai lhe revelou que ele era de Minas Gerais. Foi um dia marcante. Outro foi quando iniciei o projeto de escrever crônicas e publicar no *Facebook* e que resultou em meu site e neste livro. Na ocasião, paragrafei sobre as mulheres baixinhas e em certa frase descrevi que os homens preferem os tributos das baixinhas a cabides esqueléticos de passarela. Só não foi uma D.R no meio da rua porque moramos em cidades diferentes, mas, em compensação, os comentários da publicação foram o nosso meio fio e os amigos os passantes que reparavam. Através de suas palavras eu a via emburrada, de respiração soprada, bochecha inchada e braços cruzados. Nesse dia, conheci a braveza que ela disse ter herdado da mãe.

Em particular, digo, no chat, tentei explicar o mal entendido, me desculpar e prometer que escreveria sobre as mulheres altas também. Assim fiz, e claro, não só foi um fracasso a tentativa, como tive que ouvir, "Tá! Mas ainda prefiro a das baixinhas". (Espero que essa trilogia de crônicas a faça esquecer aquela das pequenas)

A cada réveillon, meio à branquidão das pessoas, sempre me lembro da Dama de Branco em seu vestido com decote arredondado nas costas e imagino como ela estaria naquele instante. Acredito que tão bela quanto a única vez em que a vi. Me lembro dela de janeiro a janeiro. A cada troca de calendário.

Neste janeiro, por causa de um caso indefinido que se mudou pra Europa e que eles decidiram não progredir, ela me convidou para acompanhá-la por alguns dias no Velho Continente, pois já tinha programado tudo para essa viagem. Na época, eu também vivia resquícios de uma tormenta afetiva. Com o convite em tom de xeque mate, sem passaporte e dinheiro, acabei refugando. Entretanto, planos e sonhos não se desprendiam da minha cabeça. Confabulei qual alguém que esboça expectativas com o prêmio milionário da loteria. Contudo, assim como eles, estagnamos no imaginário.

Há alguns meses, tivemos outra D.R, dessa vez por causa de música, envolvendo Marcelo Jeneci e o xará Camelo. Entendemos as ponderações um do outro e a paz regressou quando ela me enviou um áudio dela no show do Jeneci e eu, recentemente, fiz o mesmo no show da Banda do Mar.

No fim do ano passado, como projeto de monografia, ela escreveu um livro-reportagem e me enviou os capítulos para eu ler e opinar. Conversamos sobre o assunto e fui parar na ficha técnica.

Agora, no lançamento deste que é o meu primeiro livro, a aguardo para um reencontro. Para retomar o diálogo presencial que teve início há cinco anos. Para destravar abraços que foram desejados, descritos, imaginados e privados em todos esses anos. Para corporificar sonhos que tivemos um com o outro. Sabemos que o nosso reencontro foi um sonho adiado, porém jamais ele se perdeu no esquecimento.

Hoje a esperaria de branco, como ela prometeu que viria. Porém, devido à mudança na data do lançamento do livro, hoje ela está em Paris, usufruindo do presente que a avó lhe deu pela formatura. Apesar de a vida ser desencontrada, ela é feita dos encontros.

Belo Horizonte, 21 de março de 2015.

Editora
LETRAMENTO
www.editoraletramento.com.br